HARMONIE IM STURM

Praktische Strategien für inneres Wohlbefinden und Achtsamkeit im Alltag

LEON SEIDEL

1. Auflage

Calm Mind Production

ISBN: 978-3-9824790-4-0

INHALTSVERZEICHNIS

1 EINFÜHRUNG

Willkommen zu deinem Begleiter auf dem Weg zu mehr Harmonie, Wohlbefinden und innerer Ruhe. Dieses Buch bietet dir wertvolle Techniken und Einsichten, die dir helfen können, ein ausgeglicheneres und erfüllteres Leben zu führen. Um das Beste daraus zu machen, empfehlen wir dir, ohne Stress und Hektik vorzugehen und dir Zeit zu nehmen, um die Inhalte gründlich zu erfassen.

Beginne damit, das Inhaltsverzeichnis in Ruhe anzusehen. Dies gibt dir einen Überblick über die Struktur und die Themen des Buches. Auf diese Weise kannst du dich gezielt auf die Kapitel konzentrieren, die für dich am relevantesten sind.

Während du liest, mach dir Notizen. Am Ende des Buches findest du dafür Notizseiten, die du für deine Gedanken und Erkenntnisse nutzen kannst. Notizen helfen dir, das Gelesene besser zu verarbeiten und bieten eine wertvolle Ressource, auf die du später zurückgreifen kannst.

Versuche, das Gelesene auf dich wirken zu lassen und reflektiere über dich selbst. Frage dich, wie die Inhalte auf deine eigene Lebenssituation zutreffen und welche Veränderungen du möglicherweise vornehmen möchtest.

Das Buch enthält viele praktische Übungen, besonders in den Kapiteln zu Atemtechniken und Entspannungsübungen. Nimm dir die Zeit, diese Übungen auszuprobieren, aber überfordere dich nicht. Beginne langsam und integriere eine Übung nach der anderen in deinen Alltag. Es ist wichtig, nicht zu viel auf einmal vorzunehmen. Gib dir die Erlaubnis, in deinem eigenen Tempo zu lernen und zu wachsen.

Erinnere dich daran, dass der Weg zu mehr Harmonie und Wohlbefinden ein Prozess ist, der Zeit und Geduld erfordert. Sei geduldig mit dir selbst und erlaube dir, Fehler zu machen und daraus zu lernen. Mit der Zeit wirst du feststellen, dass sich kleine

Veränderungen summieren und einen großen Unterschied in deinem Leben machen können.

Nutze dieses Buch als Werkzeug, um deine innere Balance zu finden und zu pflegen. Durch regelmäßiges Lesen und Üben kannst du Schritt für Schritt zu mehr Wohlbefinden und innerer Harmonie gelangen. Lass dich auf diesen Prozess ein und genieße die Reise zu einem erfüllteren und ausgeglicheneren Leben.

2 BEDEUTUNG VON HARMONIE

Im Kontext der verschiedenen Lebensbereiche kann der Begriff „Harmonie" unterschiedliche Nuancen annehmen. In der Musik beispielsweise steht Harmonie für das angenehme Zusammenspiel verschiedener Töne. In der Philosophie könnte es als ethisches oder metaphysisches Prinzip interpretiert werden, das auf eine ausgewogene Verbindung von Teilen oder eine harmonische Ordnung des Universums hinweist.

Auf psychologischer Ebene beschreibt Harmonie einen inneren Frieden, in dem emotionale, geistige und körperliche Aspekte in Einklang stehen. Dieser Zustand fördert ein positives Wohlbefinden und eine verbesserte Lebensqualität. In zwischenmenschlichen Beziehungen bezieht sich Harmonie auf die kooperative und unterstützende Interaktion zwischen Individuen, die Konflikte minimiert.

Naturgemäß wird der Begriff auch verwendet, um die ausgewogene Schönheit und Ordnung in der Natur zu beschreiben, wo verschiedene Elemente zusammenwirken, um eine ästhetisch ansprechende Umgebung zu schaffen.

Alles in allem bezeichnet Harmonie das Bestreben nach Ausgewogenheit, Zusammenklang und Wohlbefinden in verschiedenen Lebensaspekten. Es ist ein Ziel, das oft angestrebt wird, um ein erfülltes und ausgeglichenes Leben zu führen.

Die Wahl des Titels „Harmonie im Sturm" soll darauf hinweisen, dass es selbst in schwierigen und stürmischen Zeiten möglich ist, Harmonie zu finden und zu bewahren. Der Sturm symbolisiert die Herausforderungen und Widrigkeiten des Lebens, während die Harmonie den inneren Frieden und die Ausgeglichenheit repräsentiert, die wir trotz dieser Schwierigkeiten erreichen können.

3 INSPIRIERENDE ZITATE

Bevor du dich den Schlüsselaspekten zuwendest, die dein Wohlbefinden fördern, lass dich von ein paar inspirierenden Zitaten in die richtige Stimmung versetzen. Diese Worte sollen dir als Quelle der Motivation und als Anker der Weisheit dienen, während du deine Reise zu innerem Frieden und Achtsamkeit beginnst.

Inspirierende Zitate haben die Kraft, dich innehalten zu lassen und neue Perspektiven zu eröffnen. Sie können dich ermutigen, deinen Alltag bewusster zu gestalten und dich daran erinnern, dass auch in den stürmischsten Zeiten Harmonie möglich ist.

3.1 Zitate zur positiven Denkweise und inneren Haltung

„Die größte Veränderung im Leben besteht darin, in den eigenen Gedanken eine positive Haltung zu entwickeln."

– Lucius Annaeus Seneca (ca. 4 v. Chr. – 65 n. Chr.)

Erläuterung:

Die Aussage von Seneca bedeutet, dass die wirkungsvollste Veränderung im Leben durch eine optimistische Denkweise erfolgt. Er hebt hervor, dass wahre Transformation nicht nur äußerlich, sondern vor allem intern stattfindet. Die zentrale Botschaft ist, dass die Entwicklung einer positiven Geisteshaltung entscheidend ist. Diese Einstellung beeinflusst, wie wir die Welt sehen, mit Schwierigkeiten umgehen und auf das Leben reagieren. Seneca betont die Macht der Selbstkontrolle und positiver Gedanken bei der Bewältigung von Herausforderungen. Das Zitat ermutigt dazu, die Kontrolle über die Gedanken zu übernehmen und bewusst eine positive Perspektive zu pflegen, um bedeutende Veränderungen herbeizuführen. Es unterstreicht, dass die Interpretation der Welt einen tiefgreifenden Einfluss auf unsere Lebenserfahrung hat.

> *„Das Glück deines Lebens hängt von der Beschaffenheit deiner Gedanken ab."*
>
> – Marcus Aurelius (121 – 180 n. Chr.)

Erläuterung:

Dieses Zitat verdeutlicht, dass unser Wohlbefinden stark von der Art und Weise abhängt, wie wir über die Welt, andere Menschen und uns selbst denken. Positive und konstruktive Gedanken können zu einem tieferen Gefühl des Glücks führen, während negative und destruktive Gedanken uns eher unglücklich machen können. Es geht darum, eine positive Denkweise zu pflegen und bewusst an unserer inneren Einstellung zu arbeiten, um ein erfülltes Leben zu führen.

Marcus Aurelius ermutigt dazu, die Kontrolle über unsere Gedanken zu übernehmen, da diese unseren Gemütszustand maßgeblich beeinflussen. Indem wir unsere Gedanken lenken und optimistische Sichtweisen fördern, können wir unser Glücksempfinden steigern und innere Harmonie finden, unabhängig von den äußeren Bedingungen, mit denen wir konfrontiert sind.

3.2 Zitate zur Gelassenheit und inneren Ruhe

„Sei wie der Fels, über den sich die Wellen der Meinungen hinwegwalzen, aber er bleibt fest und unerschütterlich."

– Marcus Aurelius (121 – 180 n. Chr.)

Erläuterung:

Dieses inspirierende Zitat von Marcus Aurelius vermittelt eine grundlegende stoische Weisheit. Es geht um innere Festigkeit und Unerschütterlichkeit. Die Metapher des Felsens, der den ständigen Ansturm der Wellen übersteht, steht für eine Haltung, die trotz äußerer Schwierigkeiten standhaft bleibt.

Wenn Marcus Aurelius sagt: „Sei wie der Fels", meint er, dass wir uns nicht von den Meinungen anderer beeinflussen lassen sollen. Der Fels symbolisiert die nötige Kraft, um gegen äußere Einflüsse resistent zu bleiben. Die „Wellen der Meinungen" stehen für die vielen Ansichten, die uns täglich begegnen.

Die Hauptbotschaft ist, dass man ruhig bleiben sollte, auch wenn viele verschiedene Meinungen und Urteile um einen herum existieren. Es geht darum, die eigene Überzeugung und Integrität zu bewahren. Marcus Aurelius ermutigt uns, in unseren Überzeugungen standhaft zu bleiben und uns nicht von äußeren Einflüssen erschüttern zu lassen, so wie ein Fels den Wellen

„Der ruhige Geist ist mächtiger als der stürmische."

– Epiktet (um 50-135 n. Chr.)

Erläuterung:

Die Weisheit des antiken Philosophen Epiktet spiegelt sich in den Worten wider: 'Der ruhige Geist ist mächtiger als der stürmische.' In dieser Aussage liegt eine zeitlose Erkenntnis über die Überlegenheit innerer Gelassenheit gegenüber äußeren Turbulenzen. Epiktets Lehren betonen, dass ein ruhiger, ausgeglichener Geist eine innere Stärke besitzt, die selbst den heftigsten Stürmen des Lebens standhält.

Die Vorstellung ist, dass ein Mensch mit einem ruhigen Geist in der Lage ist, klar zu denken, Weisheit zu entwickeln und selbst in herausfordernden Momenten seine innere Mitte zu bewahren. Im Gegensatz dazu kann ein aufgewühlter, unsteter Geist eher von äußeren Einflüssen mitgerissen werden. Epiktets Erkenntnis erinnert daran, dass die Fähigkeit zur inneren Ruhe eine mächtige Quelle der Stabilität und Widerstandsfähigkeit darstellt, die uns hilft, den Stürmen des Lebens mit Würde und Kraft zu begegnen.

> *„Ein ruhiger Geist ist wie ein stilles Wasser, das Klarheit und Reflexion ermöglicht."*
>
> – Laozi (um 6. Jh. v. Chr.)

Erläuterung:

Dieses Zitat von Laozi, einem bedeutenden chinesischen Philosophen des Daoismus, trägt die metaphorische Vorstellung, dass ein ruhiger Geist mit einem ruhigen, stillen Gewässer verglichen werden kann. Die Analogie zwischen einem ruhigen Geist und stilles Wasser betont die Eigenschaften der Klarheit und Reflexion.

In einem ruhigen Geist sind die Gedanken und Emotionen ausgeglichen und nicht von turbulenten Wellen der Unruhe gestört. Ähnlich dazu reflektiert stilles Wasser die Umgebung klar und unverfälscht, ohne durch Unruhe verzerrt zu werden. Diese Klarheit und Reflexion werden oft als Voraussetzung für tieferes Verständnis, Selbstkenntnis und spirituelles Wachstum betrachtet.

Das Bild von stille Wasserquellen als Analogie für einen ruhigen Geist hat tiefe Wurzeln in östlichen philosophischen Traditionen. Es betont die Idee, dass nur in der inneren Ruhe und Gelassenheit eine klare Sicht auf das Leben und die Umwelt möglich ist. Ein ruhiger Geist vermag es, Klarheit zu bewahren und tiefe Einsichten zu gewinnen, ähnlich wie ruhiges Wasser die Welt um sich herum klar widerspiegelt.

„Gelassenheit ist die Kunst, eine Sache loszulassen, bevor sie einen loslässt."

– Joseph Roth (1894-1939)

Erläuterung:

„Gelassenheit, so wie von Joseph Roth formuliert, erscheint als eine subtile Kunstform des Lebens. Diese Philosophie lehrt uns, dass wahre Gelassenheit nicht nur in der Fähigkeit liegt, mit ruhiger Haltung auf Situationen zu reagieren, sondern vielmehr darin, eine Sache schon vor ihrem intensiven Einfluss loszulassen. Es ist eine tiefgründige Weisheit, die uns dazu auffordert, eine mentale Flexibilität zu kultivieren, um uns von den Fesseln vorhersehbarer emotionaler Reaktionen zu befreien.

Wenn wir uns darauf einlassen, etwas loszulassen, bevor es uns vollständig ergreift, gewinnen wir nicht nur Kontrolle über unsere Reaktionen, sondern schaffen auch einen Raum für geistige Freiheit. Dieser Raum ermöglicht es uns, uns von übermäßigem Stress und emotionaler Belastung zu befreien. Indem wir uns vorbereiten, uns von Ballast zu befreien, bevor er sich festsetzt, öffnen wir die Tür zu einem inneren Gleichgewicht und einer tieferen Gelassenheit, die es uns ermöglichen, die Herausforderungen des Lebens mit größerer Ruhe und Akzeptanz zu bewältigen."

3.3 Zitate zur Akzeptanz und Harmonie

*„Harmonie entsteht nicht durch Perfektion,
sondern durch Akzeptanz von Unvollkommenheiten."*

– Khalil Gibran (1883–1931)

Erläuterung:

Dieses Zitat stammt von Khalil Gibran, einem libanesisch-amerikanischen Dichter und Philosophen. Die Botschaft des Zitats betont, dass Harmonie nicht durch perfekte Umstände oder makellose Zustände entsteht, sondern vielmehr durch die Akzeptanz von Unvollkommenheiten.

Gibran lenkt unsere Aufmerksamkeit weg von der Suche nach makellosen Verhältnissen oder fehlerfreien Lebenssituationen. Stattdessen betont er, dass die Fähigkeit, Unvollkommenheiten zu akzeptieren – sei es in uns selbst, in anderen Menschen oder in der Welt um uns herum – der Schlüssel zur Erreichung von Harmonie ist.

Diese Weisheit legt nahe, dass das Streben nach Perfektion oft zu Frustration und Unzufriedenheit führen kann, während die Bereitschaft, Unvollkommenheiten zu akzeptieren, einen Zustand inneren Gleichgewichts und Friedens schaffen kann. Es ermutigt dazu, die Realität anzunehmen, wie sie ist, und in der Anerkennung von Unvollkommenheiten die Grundlage für echte Harmonie zu finden.

„Um wahre Harmonie zu finden,
muss man zuerst Frieden mit sich selbst schließen."

– Konfuzius (551–479 v. Chr.)

Erläuterung:

Dieses Zitat stammt von Konfuzius, einem antiken chinesischen Denker. Es betont die Bedeutung, inneren Frieden mit sich selbst zu finden, um wahre Harmonie im Leben zu erreichen. Konfuzius legte großen Wert auf ein ausgeglichenes und moralisches Leben.

Die Aussage besagt, dass es wesentlich ist, sich selbst zu akzeptieren, mit den eigenen Stärken und Schwächen in Einklang zu treten und inneren Frieden zu finden, bevor man nach Harmonie in anderen Bereichen des Lebens strebt.

Die Suche nach innerem Frieden erfordert oft Arbeit an Selbstakzeptanz, dem Verzeihen von Fehlern und der Entwicklung von Selbstmitgefühl. Wenn man im Einklang mit sich selbst ist, kann dies als Grundlage dienen, um positive Beziehungen zu anderen aufzubauen und ein harmonisches Leben zu führen.

Insgesamt ermutigt uns dieses Zitat dazu, eine Reise der Selbstreflexion und persönlichen Entwicklung anzutreten, um wahre Harmonie im Leben zu finden, indem wir zuerst Frieden mit unserem eigenen Inneren schließen.

3.4 Zitate zur Bewertung von äußeren Umständen

„Wir sehen die Dinge nicht, wie sie sind, sondern wie wir sind."

– Immanuel Kant (1724-1804)

Erläuterung:

Die Aussage „Wir sehen die Dinge nicht, wie sie sind, sondern wie wir sind" impliziert, dass jede Person eine einzigartige Sicht auf die Welt hat, die von ihren eigenen mentalen Modellen und Interpretationen geformt wird. Was für eine Person wahr oder wichtig ist, kann für eine andere irrelevant oder anders interpretiert sein.

Diese Idee hat tiefgreifende Konsequenzen für die Erkenntnistheorie und die philosophische Anthropologie. Kant fordert uns auf, uns der Subjektivität unserer Wahrnehmung bewusst zu sein und anzuerkennen, dass unsere Vorstellungen von der Welt nicht absolut oder objektiv sind. Vielmehr sind sie kontingent und bedürfen einer kritischen Reflexion, um die Grenzen und Möglichkeiten unseres Wissens und unserer Verständnisfähigkeit zu verstehen.

„Es sind nicht die Dinge selbst, die uns beunruhigen, sondern die Meinungen über die Dinge."

– Epiktet (ca. 50–135 n. Chr.)

Erläuterung:

Epiktet, ein antiker griechischer Philosoph der Stoischen Schule, betonte, dass nicht die äußeren Umstände oder Ereignisse selbst uns beunruhigen, sondern unsere Meinungen und Bewertungen darüber. Es sind nicht die Dinge, die passieren, die unser inneres Gleichgewicht stören, sondern die Art und Weise, wie wir diese Dinge interpretieren und bewerten.

Die Stoiker glaubten daran, dass Menschen die Fähigkeit haben, ihre eigenen Reaktionen und Einstellungen zu kontrollieren, selbst wenn sie wenig Kontrolle über äußere Umstände haben. Epiktet ermutigte seine Schüler dazu, ihre Meinungen und Werturteile zu hinterfragen und zu überdenken, um eine innere Gelassenheit und Zufriedenheit zu erreichen, unabhängig von äußeren Bedingungen.

In der Praxis bedeutet dies, dass wir, anstatt uns von äußeren Ereignissen beeinflussen zu lassen, unsere Denkmuster und Überzeugungen überprüfen sollten. Indem wir bewusst an unseren Einstellungen arbeiten und versuchen, sie rationaler und gelassener zu gestalten, können wir dazu beitragen, ein inneres Gleichgewicht zu bewahren, selbst wenn die äußeren Bedingungen unvorhersehbar oder schwierig sind.

9: „Es ist nicht wenig Zeit, die wir haben, sondern viel Zeit, die wir nicht nutzen."

– Seneca (4 v. Chr. – 65 n. Chr.)

Erläuterung zu Zitat 9:

Das Zitat von Seneca betont, dass das Problem des Zeitmangels oft nicht in der Menge der zur Verfügung stehenden Zeit liegt, sondern in der Art und Weise, wie wir sie nutzen. Jeder Mensch hat täglich 24 Stunden, doch die Unterschiede liegen darin, wie diese Stunden genutzt werden.

Eine effektive Nutzung der Zeit führt zu einer höheren Lebensqualität und einem besseren inneren Wohlbefinden. Wenn wir unsere Zeit sinnvoll einsetzen, können wir Stress reduzieren und eine Balance zwischen Arbeit und Erholung schaffen. Das ermöglicht es uns, in anspruchsvollen Zeiten Harmonie zu finden und inneren Frieden zu bewahren.

Näheres zum Zeitmanagement folgt im Kapitel 4.16.

4 WOHLBEFINDEN FÖRDERN: SCHLÜSSELASPEKTE IM FOKUS

In diesem Abschnitt des Buches werden Schlüsselaspekte vorgestellt, die Entspannungstechniken und praktische Strategien für inneres Wohlbefinden und Achtsamkeit im Alltag umfassen. Jedes Kapitel enthält wichtige Elemente, um ein tieferes Gefühl von Ruhe und Ausgeglichenheit zu entdecken, die in den Alltag integriert werden können.

Bei einigen der nachfolgend genannten Atemübungen, Meditationsarten und körperlichen Entspannungstechniken kann es hilfreich sein, sich auditive Mittel wie geführte Atemmeditationen, Entspannungsanleitungen und Meditationssitzungen zu besorgen. Diese unterstützen dabei, die Praxis zu erleichtern und sicherzustellen, dass die Schritte korrekt ausgeführt werden, ohne dass man sie verinnerlicht haben muss.

Kostenlose Aufnahmen sind beispielsweise auf Plattformen wie YouTube verfügbar. Empfohlene Apps sind Calm und Headspace, die eine Vielzahl von geführten Atemübungen, Meditationen und körperlichen Entspannungstechniken bieten. Diese Hilfsmittel können besonders am Anfang sehr hilfreich sein, da sie klare Anweisungen geben und den Prozess der Entspannung und Meditation erleichtern.

4.1 Atemübungen

Durch regelmäßige Atemübungen kann man einen ruhigeren Geisteszustand entwickeln und eine stärkere Verbindung zum eigenen Körper aufbauen.

Die kommenden Übungen bieten nicht nur eine Atempause für den hektischen Alltag, sondern eröffnen auch einen Weg zu tieferer Entspannung und mentaler Klarheit. Bereite dich darauf vor, dir einen Moment Zeit zu nehmen, um bewusst zu atmen und die Vorteile für dein Wohlbefinden zu erleben.

Es ist wichtig zu betonen, dass die in diesem Kapitel genannten Atemtechniken nicht zwingend nacheinander in einem durchgehenden Block durchgeführt werden müssen. Du kannst sie nach Belieben und nach deinem eigenen Empfinden anwenden, wann immer du eine kurze Atempause oder Entspannung benötigst. Lass dich von deiner Intuition leiten und wähle die Übungen aus, die in dem Moment am besten zu dir passen.

4.1.1 Tiefe Bauchatmung

Setze oder lege dich bequem hin. Lege eine Hand auf deine Brust und die andere auf deinen Bauch. Atme tief durch die Nase ein, sodass sich dein Bauch mit Luft füllt. Atme dann langsam durch den Mund aus. Führe diese Übung mehrere Minuten lang durch, um Spannungen abzubauen.

4.1.2 4-7-8 Atemtechnik

Atme etwa 4 Sekunden lang durch die Nase ein. Halte den Atem 7 Sekunden. Atme anschließend 8 Sekunden durch den Mund aus. Diese Technik beruhigt das Nervensystem und fördert Entspannung.

Diese Technik kann zunächst 2–4-mal hintereinander angewendet werden und dann nach Bedarf gesteigert werden. Es ist wichtig, die Atmung dabei nicht zu forcieren und sich darauf zu konzentrieren, einen entspannten und natürlichen Atemrhythmus zu finden. Es wird empfohlen, die Technik langsam zu erlernen und bei regelmäßiger Anwendung auf den eigenen Komfort und die persönliche Wirkung zu achten. Bei Fragen oder Unsicherheiten ist es ratsam, einen Fachmann oder Gesundheitsdienstleister zu konsultieren.

4.1.3 Nadi Shodhana (Wechselatmung)

Die Nadi Shodhana, auch als Wechselatmung bekannt, ist eine traditionelle Atemtechnik aus der Praxis des Yoga. Diese Methode zielt darauf ab, das Gleichgewicht in den beiden Nasenlöchern wiederherzustellen und den Energiefluss im Körper zu harmonisieren. Hier sind einige konkrete Schritte, um diese Technik anzuwenden:

1. **Vorbereitung:**
   Finde eine bequeme Sitzposition und richte deinen Rücken auf. Platziere den rechten Daumen auf das rechte Nasenloch und den Ringfinger auf das linke Nasenloch.

2. **Einatmen rechts:**
   Schließe das linke Nasenloch mit dem Ringfinger und atme tief durch das rechte Nasenloch ein. Fühle, wie sich die Lungen mit Luft füllen.

3. **Halten:**
   Verschließe nun das rechte Nasenloch mit dem Daumen und halte den Atem für einen kurzen Moment an.

4. **Ausatmen links:**
   Öffne das linke Nasenloch und atme langsam durch dieses aus. Spüre, wie die Luft sanft entweicht.

5. **Einatmen links:**
   Atme tief durch das linke Nasenloch ein, halte kurz den Atem an und wechsle dann zum rechten Nasenloch.

6. **Fortsetzung:**
   Wiederhole diesen Wechsel für mehrere Atemzyklen, indem du nach jedem Ein- und Ausatmen die Nasenlöcher wechselst.

Nadi Shodhana wird oft als eine Methode angesehen, um die rechte und linke Hemisphäre des Gehirns auszugleichen, Stress abzubauen und die Konzentration zu verbessern. Die regelmäßige Praxis dieser Technik kann dazu beitragen, den Geist zu beruhigen und die emotionale Ausgeglichenheit zu fördern. Es wird empfohlen, diese Übung mit Bedacht und Achtsamkeit durchzuführen, und bei Unsicherheiten oder gesundheitlichen Bedenken ist es ratsam, professionellen Rat einzuholen.

4.1.4 Geführte Atemmeditation

Die geführte Atemmeditation ist eine Praxis, die darauf abzielt, Achtsamkeit und Entspannung durch bewusstes Atmen zu fördern. Hier sind einige praktische Details, um diese Methode umzusetzen:

1. **Vorbereitung:**
   Wähle einen ruhigen Ort, an dem du ungestört sein kannst. Setze oder lege dich bequem hin.
   Schließe sanft die Augen.
2. **Fokussierung auf den Atem:**
   Richte deine Aufmerksamkeit auf deinen Atem. Spüre das Ein- und Ausströmen der Luft in deine Lungen. Lasse deinen Atem in einem entspannten, natürlichen Rhythmus fließen.
3. **Geführte Anleitung:**
   Höre einer geführten Meditation zu oder verwende eine vorher aufgenommene Anleitung. Diese kann von beruhigender Musik begleitet oder von einer Stimme geführt werden, die Anweisungen für Atmung und Achtsamkeit gibt.
4. **Visualisierung:**
   Einige geführte Atemmeditationen können Visualisierungstechniken einschließen. Stelle dir einen beruhigenden Ort vor oder beobachte den Atem als sanften Strom. Die visuelle Vorstellung kann deine Entspannung vertiefen.
5. **Achtsamkeit bewahren:**
   Bleibe während der Meditation achtsam gegenüber deinen Gedanken. Lasse diese vorüberziehen, ohne dich von ihnen mit-

reißen zu lassen. Lenke deine Aufmerksamkeit weiterhin auf den Atem.

6. **Abschluss:**
   Beende die geführte Atemmeditation sanft. Öffne langsam die Augen. Nimm dir einen Moment, um die durch die Praxis entstandene Ruhe zu spüren.

Die geführte Atemmeditation ist eine persönliche Reise, die Raum für Entspannung und inneren Frieden schafft. Es ist ratsam, dies regelmäßig zu praktizieren, um die vollen Vorteile zu erleben. Bei Unsicherheiten oder gesundheitlichen Bedenken ist es ratsam, professionellen Rat einzuholen.

4.1.5 Atembeobachtung

Die Atembeobachtung ist eine einfache und dennoch kraftvolle Methode der Achtsamkeit, die darauf abzielt, den Fokus auf den Atem zu richten und das gegenwärtige Moment bewusst zu erleben. Hier sind detaillierte Schritte, um diese Praxis zu vertiefen:

1. **Sitzposition wählen:**
   Beginne, indem du eine bequeme Sitzposition einnimmst. Du kannst auf einem Stuhl sitzen oder dich auf den Boden setzen, mit gekreuzten Beinen oder auf einem Kissen.

2. **Rückenhaltung:**
   Achte darauf, dass dein Rücken gerade ist, um eine klare Atmung zu ermöglichen. Lege die Hände auf die Knie oder falte sie im Schoß.

3. **Schließen der Augen:**
   Schließe sanft die Augen, um äußere Ablenkungen zu minimieren. Dies fördert eine tiefere innere Konzentration.

4. **Fokussierung auf den Atem:**
   Lenke deine Aufmerksamkeit bewusst auf deinen Atem. Spüre, wie die Luft durch deine Nasenlöcher ein- und ausströmt. Beachte den natürlichen Rhythmus und die Qualität deiner Atmung.

5. **Gedanken beobachten:**
   Lass deine Gedanken vorüberziehen, ohne dich von ihnen mitreißen zu lassen. Beobachte sie wie vorbeiziehende Wolken am Himmel. Kehre immer wieder sanft zur Beobachtung deines Atems zurück.

6. **Tiefe Wahrnehmung:**
   Vertiefe deine Wahrnehmung, indem du auf die kleinen Nuancen achtest, wie den leichten Windzug beim Einatmen oder das Gefühl der Entspannung beim Ausatmen.

7. **Körperempfindungen:**
   Achte auch auf körperliche Empfindungen, die mit der Atmung verbunden sind. Spüre, wie sich dein Brustkorb hebt und senkt und wie sich dein Bauch mit Luft füllt und entleert.

8. **Dauer der Praxis:**
   Die Atembeobachtung kann für einige Minuten bis zu längeren Sitzungen praktiziert werden. Es geht nicht um die Dauer, sondern um die Qualität deiner Präsenz.

9. **Sanftes Beenden:**
   Beende die Atembeobachtung sanft. Öffne die Augen und nimm dir einen Moment, um die Frische und Klarheit zu spüren, die durch diese einfache, aber kraftvolle Praxis entstanden ist.

Die Atembeobachtung ist eine persönliche Reise zur inneren Ruhe und Klarheit. Die regelmäßige Praxis stärkt die Achtsamkeit und fördert ein tiefes Verständnis für den gegenwärtigen Moment. Es wird empfohlen, diese Übung in den Alltag zu integrieren, um nachhaltige positive Effekte zu erleben.

4.2 Meditation

Meditation ist eine Praxis, die darauf abzielt, den Geist zu beruhigen und einen Zustand tiefer Entspannung und innerer Ruhe zu erreichen. Während Atemübungen sich primär auf die Kontrolle und Beobachtung des Atems konzentrieren, umfasst Meditation eine breitere Palette von Techniken, die Achtsamkeit, Mantras, Visualisierungen und Bewegung einschließen können. Hier sind einige der bekanntesten Meditationsarten und Anleitungen zur Umsetzung:

4.2.1 Vipassana: Achtsamkeitsmeditation

Vipassana, was „Einsicht" bedeutet, ist eine der ältesten Meditationspraktiken Indiens. Sie zielt darauf ab, die wahre Natur der Realität zu erkennen, indem man Achtsamkeit auf den Atem und die Körperempfindungen legt.

Vorgehensweise:

1. **Vorbereitung:**
   Setz dich bequem hin, entweder auf einem Stuhl oder im Schneidersitz.

2. **Atembeobachtung:**
   Schließe die Augen und konzentriere dich auf den Atem. Beobachte den Atemfluss an den Nasenlöchern oder im Bauchraum.

3. **Körperempfindungen:**
   Wandere mit deiner Aufmerksamkeit durch den Körper und beobachte Empfindungen ohne Bewertung.

4. **Gedanken und Emotionen:**
   Wenn Gedanken oder Emotionen auftauchen, nimm sie wahr und kehre dann sanft zur Atem- oder Körperbeobachtung zurück.

5. **Dauer:**
   Du könntest täglich etwa 20-30 Minuten praktizieren, je nachdem, wie es in deinen Tagesablauf passt.

4.2.2 Zazen: Meditieren wie im Zen-Buddhismus

Zazen, oder Sitzmeditation, ist das Herzstück der Zen-Buddhistischen Praxis. Es betont das stille Sitzen und die Beobachtung der eigenen Gedanken ohne Anhaftung.

Vorgehensweise:

1. **Ort und Haltung:**
   Setz dich auf ein Kissen (Zafu) oder eine Matte (Zabuton) im halben oder vollen Lotus-Sitz. Deine Hände liegen in deinem Schoß, die Daumen berühren sich leicht.

2. **Körperhaltung:**
   Halte deinen Rücken gerade und das Kinn leicht gesenkt. Die Augen sind halb geöffnet, der Blick ist weich und ohne Fokus.

3. **Atmung:**
   Atme tief und ruhig durch die Nase. Beobachte den Atem, ohne ihn zu kontrollieren.

4. **Geisteszustand:**
   Lass Gedanken und Gefühle kommen und gehen, ohne sie zu bewerten. Konzentriere dich auf das Hier und Jetzt.

5. **Dauer:**
   Es ist eine gute Idee, mit etwa 10-15 Minuten zu starten und dann, wenn es sich gut anfühlt, die Dauer der Sitzungen nach und nach zu erhöhen.

4.2.3 Metta: Meditation für mehr Liebe

Metta, oder Liebende-Güte-Meditation, stammt aus der buddhistischen Tradition und zielt darauf ab, bedingungslose Liebe und Wohlwollen gegenüber sich selbst und anderen zu kultivieren.

Vorgehensweise:

1. **Ort und Haltung:**
   Setz dich bequem hin und schließe die Augen.

2. **Selbstliebe:**
   Beginne, dir selbst Liebende-Güte zu senden, indem du dir Sätze wie „Möge ich glücklich sein, möge ich gesund sein" wiederholst.

3. **Ausdehnung:**
   Erweitere diese Wünsche auf andere – zunächst auf geliebte Personen, dann auf Bekannte, und schließlich auf alle Lebewesen.

4. **Fokus:**
   Fühle die Wärme und das Mitgefühl, das aus diesen Wünschen entsteht.

5. **Dauer:**
   Du könntest diese Meditation für etwa 15-20 Minuten täglich praktizieren.

4.2.4 Mantra Meditation: Ruhe und Entspannung

Mantra-Meditation nutzt wiederholte Worte oder Sätze (Mantras), um den Geist zu beruhigen und Konzentration zu fördern. Dies kann in verschiedenen spirituellen Traditionen gefunden werden.

Vorgehensweise:

1. **Mantra wählen:**
   Wähle ein Mantra, das für dich bedeutungsvoll ist. Es kann ein Wort wie „Om" oder ein Satz wie „Ich bin ruhig und entspannt" sein.
2. **Wiederholung:**
   Setz dich bequem hin und wiederhole das Mantra leise oder im Geist.
3. **Fokus:**
   Konzentriere dich auf den Klang und die Schwingung des Mantras. Lass Ablenkungen vorbeiziehen und kehre zum Mantra zurück.
4. **Dauer:**
   Du könntest mit 10-15 Minuten beginnen und die Sitzungen allmählich verlängern.

4.3 Körperliche Entspannungstechniken

Körperliche Entspannungstechniken sind Methoden, die darauf abzielen, den Körper von Stress und Anspannung zu befreien und ein Gefühl der Ruhe und des Wohlbefindens zu fördern. Diese Techniken können helfen, die körperlichen und psychischen Auswirkungen von Stress zu reduzieren und die allgemeine Gesundheit zu verbessern.

4.3.1 Body-Scan

Der Body-Scan ist eine Achtsamkeitsübung, die dazu dient, die Aufmerksamkeit bewusst auf verschiedene Bereiche des Körpers zu lenken. Diese Übung hilft dabei, das Körperbewusstsein zu fördern, Spannungen zu erkennen und zu lösen sowie ein tieferes Verständnis für die Verbindung zwischen Körper und Geist zu entwickeln.

Ablauf des Body-Scans:

1. **Vorbereitung:**
   Suche einen ruhigen Ort und nimm eine bequeme Position ein, entweder sitzend auf einem Stuhl oder liegend auf einer Matte. Schließe sanft die Augen oder lasse den Blick entspannt vor dir ruhen.

2. **Atembewusstsein:**
   Beginne, deine Aufmerksamkeit auf deinen Atem zu lenken. Spüre, wie du ein- und ausatmest. Versuche, den Atem ganz natürlich zu lassen, ohne ihn zu kontrollieren.

3. **Körperbewusstsein:**
   Nimm dir einen Moment Zeit, um dich in deinen Körper hinein zu spüren.
   Stelle dir vor, wie sich dein Körper im Moment anfühlt, ohne etwas ändern zu wollen.'

4. **Fokussierung auf die Füße:**
   Lenke deine Aufmerksamkeit auf deine Füße. Spüre, wie sie in Kontakt mit dem Boden oder der Unterlage sind. Bemerke, ob es Spannungen oder Entspannung gibt. Bei Anspannung versuche, diese loszulassen. Bleibe ein paar Atemzüge lang bei deinen Füßen.

5. **Weiter zu den Unterschenkeln und Knien:**
   Bewege deine Aufmerksamkeit sanft zu den Unterschenkeln und Knien. Bemerke, wie sich deine Muskeln und Knochen anfühlen. Erlaube dir, alle Empfindungen wahrzunehmen, die in diesem Bereich auftreten. Entspanne gezielt angespannte Muskelgruppen.

6. **Hoch zu den Oberschenkeln und Hüften:**
   Fahre fort, deine Aufmerksamkeit zu den Oberschenkeln und Hüften zu bewegen.
   Spüre die Berührungspunkte und lasse deine Aufmerksamkeit auf die Muskeln und Gelenke konzentrieren. Löse Spannungen durch bewusstes Entspannen.

7. **Bauch- und Brustbereich:**
   Lenke deine Aufmerksamkeit auf den Bauch- und Brustbereich. Bemerke, wie sich dein Atem in diesem Bereich bewegt. Achte auf jede Empfindung von Enge oder Entspannung. Lasse bewusst los, wenn du Anspannung spürst.

8. **Arme und Hände:**
   Bewege deine Aufmerksamkeit sanft zu den Armen und Händen. Spüre die Position deiner Hände und die Spannung in den Armen. Bemerke vielleicht Wärme oder Kälte in den Händen. Entspanne die Muskeln in den Armen und Händen, wenn du Spannungen bemerkst.

9. **Schultern, Nacken und Kopf:**
   Lenke deine Aufmerksamkeit schließlich auf die Schultern, den Nacken und den Kopf. Spüre, wie deine Schultern auf dem Boden oder Stuhl ruhen. Entspanne die Muskeln im Nackenbereich und lasse den Kopf leicht ruhen. Löse bewusst Spannungen in Schultern und Nacken.

10. **Rückkehr zum Atem:**
    Zum Abschluss der Übung kehre langsam zurück zu deinem Atem. Spüre, wie du ein- und ausatmest. Bemerke, ob sich dein Körper inzwischen entspannter anfühlt als zu Beginn der Übung.

11. **Öffnen der Augen:**
    Wenn du bereit bist, öffne langsam die Augen und nimm deine Umgebung wieder bewusst wahr.

Der Body-Scan ist eine vielseitige Achtsamkeitspraxis, die sowohl für Anfänger als auch für Fortgeschrittene geeignet ist. Regelmäßiges Üben kann dir helfen, Stress abzubauen, deine körperliche und geistige Gesundheit zu verbessern und eine tiefere Verbindung zu deinem Körper aufzubauen.

4.3.2 Progressive Muskelentspannung

Die Progressive Muskelentspannung (PMR) ist eine bewährte Entspannungstechnik, die entwickelt wurde, um körperliche und geistige Spannungen gezielt zu reduzieren. Diese Methode basiert auf der Idee, dass durch das bewusste An- und Entspannen bestimmter Muskelgruppen eine tiefe körperliche und mentale Entspannung erreicht werden kann. Hier sind die wesentlichen Aspekte der PMR:

Die PMR beginnt typischerweise mit den Muskeln der Füße und bewegt sich dann schrittweise durch den gesamten Körper bis zum Kopf. Jede Muskelgruppe wird für etwa 5-10 Sekunden aktiv angespannt.

Nach der Anspannung jeder Muskelgruppe wird diese bewusst entspannt. Dieser Wechsel zwischen Anspannung und Entspannung hilft dabei, muskuläre Spannungen zu lösen und eine tiefe Entspannung zu fördern.

Während der PMR wird die Aufmerksamkeit gezielt auf die Empfindungen in den Muskeln gerichtet. Dies fördert eine erhöhte Körperwahrnehmung und Sensibilität für Spannungen im Körper.

Die Technik hilft, Stress und Anspannung abzubauen, was sich positiv auf das Nervensystem auswirken kann. Dies unterstützt ein allgemeines Gefühl der Gelassenheit und des Wohlbefindens.

Um die vollen Vorteile der PMR zu erleben, wird empfohlen, die Technik regelmäßig zu praktizieren. Mit der Zeit kannst du lernen, schnell und effektiv in einen entspannten Zustand zu gelangen.

PMR Ablauf:

1. **Setze dich oder lege dich hin:**
   Finde eine bequeme Position. Du kannst sitzen oder dich hinlegen, je nachdem, was für dich angenehmer ist.

2. **Entspannung einleiten:**
   Schließe deine Augen und atme tief ein und aus, um dich zu entspannen. Lass die Anspannung des Tages los.

3. **Fokus auf die Füße:**
   Konzentriere dich auf deine Füße. Spanne die Muskeln in deinen Füßen an, indem du die Zehen nach oben ziehst. Halte die Spannung für etwa 5-10 Sekunden.

4. **Entspannung der Füße:**
   Lasse die Spannung plötzlich los und spüre bewusst die Entspannung in deinen Füßen. Atme ruhig und gleichmäßig.

5. **Wadenmuskulatur anspannen:**
Spanne nun die Muskeln in deinen Waden an, indem du deine Zehen nach oben ziehst. Halte die Spannung für 5-10 Sekunden.

6. **Entspannung der Wadenmuskulatur:**
Lasse die Spannung in den Wadenmuskeln los und spüre die Entspannung, die sich in deinen Unterschenkeln ausbreitet.

7. **Fortfahren mit den Oberschenkeln, Bauch, Rücken, etc.:**
Gehe systematisch durch verschiedene Muskelgruppen deines Körpers: Oberschenkel, Gesäß, Bauch, Rücken, Schultern, Arme, Hände, Nacken und Gesicht. Spanne jede Muskelgruppe für 5-10 Sekunden an, halte die Spannung und entspanne dann bewusst.

8. **Achte auf Unterschiede in der Anspannung und Entspannung:**
Während du jede Muskelgruppe an- und entspannst, achte auf die Unterschiede in der Empfindung zwischen Anspannung und Entspannung.

9. **Abschluss:**
Nachdem du alle Muskelgruppen durchgegangen bist, nimm dir einen Moment Zeit, um deine gesamte Körperentspannung zu spüren. Atme einige Male tief ein und aus und öffne dann langsam wieder deine Augen.

10. **Nachwirkungen beachten:**
Nimm wahr, wie sich dein Körper anfühlt und wie deine Gedanken ruhiger geworden sind. Spüre die tiefe Entspannung und nutze diese Erfahrung, um deinen Tag fortzusetzen.

4.3.3 Autogenes Training

Das autogene Training wurde in den 1920er Jahren von dem Psychiater Johannes Heinrich Schultz entwickelt. Es ist eine Entspannungstechnik, die auf Selbsthypnose basiert und es dem Praktizierenden ermöglicht, durch Autosuggestion körperliche und geistige Entspannung zu erreichen. Die Methode ist wissenschaftlich gut untersucht und wird häufig in der Therapie von Stress, Angstzuständen und psychosomatischen Erkrankungen eingesetzt.

Vorgehensweise:

1. **Vorbereitung:**
   Finde einen ruhigen Ort, an dem du nicht gestört wirst. Setze oder lege dich bequem hin. Es kann hilfreich sein, lockere Kleidung zu tragen und eine entspannte Haltung einzunehmen, z.B. in einem bequemen Sessel oder liegend auf einer Matte.

2. **Atmung:**
   Beginne mit tiefen, langsamen Atemzügen, um dich zu beruhigen. Konzentriere dich darauf, gleichmäßig und ruhig zu atmen. Dies hilft, deinen Körper in einen entspannten Zustand zu versetzen und die Konzentration auf die folgenden Übungen zu erleichtern.

3. **Schwereübung:**
   Wiederhole im Geiste die Phrase: „Mein rechter Arm ist ganz schwer." Konzentriere dich auf das Gefühl der Schwere in deinem Arm und lasse dieses Gefühl durch Autosuggestion stärker werden. Wiederhole diese Übung mit deinem linken Arm, beiden Beinen und schließlich deinem gesamten Körper. Spüre die zunehmende Schwere und lasse dich davon in die Unterlage drücken.

4. **Wärmeübung:**
   Sage dir: „Mein rechter Arm ist angenehm warm." Stelle dir die Wärme vor und lasse sie sich ausbreiten. Wiederhole dies für den linken Arm, beide Beine und den gesamten Körper. Diese Übung hilft, die Durchblutung zu fördern und ein Gefühl der Entspannung zu erzeugen.

5. **Herzübung:**
   Konzentriere dich auf dein Herz und sage dir: „Mein Herz schlägt ruhig und gleichmäßig." Spüre den beruhigenden Rhythmus deines Herzschlags. Diese Übung kann helfen, das Herz-Kreislauf-System zu beruhigen und ein Gefühl der inneren Ruhe zu erzeugen.

6. **Atemübung:**
   Sage dir: „Mein Atem ist ruhig und gleichmäßig." Spüre den Atemfluss und lasse ihn gleichmäßig und ruhig werden. Diese Übung unterstützt die Atementspannung und fördert die tiefe Atmung.

7. **Bauchübung:**
   Konzentriere dich auf deinen Solarplexus (Bereich um den Bauchnabel) und sage dir: „Mein Solarplexus ist strömend warm." Spüre die Wärme in deinem Bauch. Diese Übung fördert die Entspannung der Bauchorgane und kann Spannungen im Bauchbereich lösen.

8. **Kopfübung:**
   Sage dir: „Meine Stirn ist angenehm kühl." Spüre die Kühle auf deiner Stirn und lasse diese Empfindung deine Gedanken beruhigen. Diese Übung kann helfen, Kopfschmerzen zu lindern und mentale Klarheit zu fördern.

9. **Rücknahme:**
   Beende die Übung, indem du dir sagst: „Arme fest, tief atmen, Augen öffnen." Bewege langsam deine Arme und Beine, atme tief ein und öffne die Augen. Nimm dir Zeit, um wieder vollständig wach und präsent zu werden, bevor du deinen Alltag fortsetzt.

Das autogene Training erfordert regelmäßige Übung, um effektiv zu werden. Plane wenn möglich täglich 10-20 Minuten für deine Übungen ein. Mit der Zeit wirst du feststellen, dass du schneller und tiefer in den entspannten Zustand gelangen kannst.

Vorteile:

Autogenes Training kann helfen, Stress abzubauen, die Schlafqualität zu verbessern, Ängste zu reduzieren und die allgemeine Lebensqualität zu erhöhen. Es ist eine wertvolle Technik zur Selbstregulation und kann in vielen Alltagssituationen angewendet werden, um Ruhe und Gelassenheit zu fördern.

4.4 Mentales und emotionales Wohlbefinden

4.4.1 Nahrung für Körper und Seele: Die Bedeutung gesunder Ernährung

Eine bewusste und gesunde Ernährung bildet nicht nur die Grundlage für die physische Gesundheit, sondern spielt auch eine entscheidende Rolle im Wohlbefinden der Seele. Hier sind einige detaillierte Einblicke in die Bedeutung gesunder Ernährung für Körper und Seele:

1. **Physische Gesundheit:**
   Gesunde Ernährung liefert essentielle Nährstoffe, die für die Aufrechterhaltung einer optimalen körperlichen Funktion notwendig sind. Dies umfasst Vitamine, Mineralstoffe, Proteine,

Kohlenhydrate und gesunde Fette. Ein ausgewogenes Ernährungsmuster unterstützt das Immunsystem, fördert die Energieproduktion und hilft, Krankheiten vorzubeugen.

2. **Emotionales Gleichgewicht:**
   Die Art und Weise, wie wir essen, beeinflusst auch unsere Emotionen und Stimmung. Eine ausgewogene Ernährung mit ausreichend Nährstoffen kann dazu beitragen, das emotionale Gleichgewicht zu stabilisieren. Zum Beispiel kann der Konsum von Omega-3-Fettsäuren, die in Fisch, Leinsamen und Nüssen enthalten sind, positive Auswirkungen auf die Stimmung haben.

3. **Stressbewältigung:**
   Gesunde Ernährung spielt eine Schlüsselrolle bei der Bewältigung von Stress. Der Verzehr von Lebensmitteln, die reich an Antioxidantien sind, wie Obst und Gemüse, kann dazu beitragen, die schädlichen Auswirkungen von Stress auf den Körper zu minimieren. Ebenso ist ausreichende Flüssigkeitsaufnahme wichtig, um den Körper hydratisiert zu halten und Stresssymptome zu reduzieren.

4. **Gehirnfunktion und Klarheit:**
   Nährstoffreiche Lebensmittel beeinflussen auch die kognitive Funktion und geistige Klarheit. Omega-3-Fettsäuren, die in fettem Fisch, Leinsamen und Walnüssen enthalten sind, unterstützen die Gehirnfunktion und können zur Verbesserung der Konzentration und des Gedächtnisses beitragen.

5. **Langfristige Gesundheitsvorsorge:**
   Gesunde Ernährung ist ein wesentlicher Bestandteil der langfristigen Gesundheitsvorsorge. Eine ausgewogene Ernährung trägt dazu bei, das Risiko von chronischen Erkrankungen wie Herzkrankheiten, Diabetes und verschiedenen Krebsarten zu redu-

zieren. Der Fokus auf nährstoffreiche Lebensmittel fördert eine nachhaltige Gesundheit im Laufe der Zeit.

6. **Verbessertes Selbstbewusstsein:**
   Die bewusste Auswahl von gesunden Lebensmitteln kann das Selbstbewusstsein stärken. Das Wissen, dass man aktiv zur eigenen Gesundheit beiträgt, kann das Selbstwertgefühl steigern und ein positives Körpergefühl fördern.

7. **Genuss und Achtsamkeit:**
   Gesunde Ernährung erfordert nicht nur die Auswahl der richtigen Lebensmittel, sondern auch den Genuss und die Achtsamkeit beim Essen. Das bewusste Kauen und Schmecken der Nahrung fördert nicht nur die Verdauung, sondern ermöglicht auch ein tieferes sensorisches Erlebnis.

Insgesamt spielt gesunde Ernährung eine zentrale Rolle für die ganzheitliche Gesundheit, wobei ihre Auswirkungen nicht nur auf den Körper, sondern auch auf die emotionale und mentale Ebene reichen. Es ist wichtig, eine vielfältige und ausgewogene Ernährung zu pflegen, die den individuellen Bedürfnissen und Präferenzen entspricht.

Im Kapitel 4.6.1 wird praxisnahes Wissen vermittelt, um eine gesunde Ernährung unkompliziert in den Alltag zu integrieren.

4.4.2 Bewegung als Schlüssel zum mentalen Gleichgewicht

Bewegung ist ein wesentlicher Schlüssel zum Erreichen und Aufrechterhalten eines stabilen mentalen Gleichgewichts. In diesem Kapitel werden wir die tiefgreifenden Auswirkungen von körperlicher Aktivität auf die mentale Gesundheit erkunden und praktische Ansätze vorstellen, wie regelmäßige Bewegung in den Alltag integriert werden kann.

Die positiven Effekte von körperlicher Aktivität auf die mentale Gesundheit reichen tiefer als es auf den ersten Blick erscheinen mag. Wenn wir uns genauer mit den neurobiologischen Prozessen beschäftigen, die durch Bewegung ausgelöst werden, wird klar, dass es hier um mehr geht als nur das allgemeine Wohlbefinden.

Während des Trainings kommt es zu einer beeindruckenden Freisetzung von Endorphinen, jenen „Glückshormonen", die nicht nur Schmerzen lindern, sondern auch eine anregende Wirkung auf die Stimmung haben. Dieser chemische Cocktail spielt eine entscheidende Rolle bei der Regulierung von Neurotransmittern wie Serotonin, Dopamin und Noradrenalin, die wiederum maßgeblich für die emotionale Stabilität sind.

Ein weiterer wichtiger Aspekt ist der Stressabbau, den regelmäßige Bewegung bewirken kann. Cortisol, das Hormon, das mit Stress in Verbindung steht, wird reguliert, was zu einer verbesserten Stressresistenz führt. Dies wiederum kann sich positiv auf die Schlafqualität auswirken, da der Körper besser in der Lage ist, sich zu regenerieren.

Auf einer neurologischen Ebene beeinflusst Bewegung die Neuroplastizität und kann sogar das Gehirnvolumen beeinflussen. Regionen, die mit kognitiven Funktionen und emotionaler Verarbeitung verbunden sind, können durch regelmäßige körperliche Aktivität gestärkt werden.

Psychologisch betrachtet bietet Bewegung nicht nur physische Herausforderungen, sondern auch die Möglichkeit, Selbstwirksamkeit zu erleben. Die Erreichung von körperlichen Zielen während des Trainings kann das Selbstbewusstsein stärken und zu einem positiven Selbstbild beitragen.

Soziale Interaktionen, insbesondere bei gemeinsamen sportlichen Aktivitäten, fördern zudem die psychische Gesundheit durch den Aufbau von Beziehungen und sozialem Support.

Insgesamt ist die Verbindung zwischen körperlicher Aktivität und mentaler Gesundheit komplex und individuell. Jeder Mensch reagiert unterschiedlich auf verschiedene Formen der Bewegung, und es ist wichtig, die Art der Aktivität zu finden, die am besten zu den eigenen Bedürfnissen passt. Doch eines ist klar: Regelmäßige körperliche Aktivität kann eine bedeutsame Rolle bei der Förderung der mentalen Gesundheit spielen.

Eine geschickte Integration von Sport und Bewegung in den Alltag ist entscheidend für langfristige Erfolge und nachhaltige Veränderungen. Hier sind einige praxisnahe Ansätze, die nahtlos in den täglichen Ablauf eingebunden werden können:

1. **Aktive Pausen am Arbeitsplatz:**
   Nutze kurze Pausen während der Arbeit, um dich zu dehnen oder kurze Spaziergänge zu machen.Das fördert nicht nur die körperliche Aktivität, sondern kann auch die Konzentration und Produktivität steigern.

2. **Treppe statt Aufzug:**
   Entscheide dich bewusst für die Treppe anstelle des Aufzugs. Dies ist eine einfache Möglichkeit, um zusätzliche Bewegung in den Alltag zu integrieren, insbesondere wenn du dich in einem Gebäude mit mehreren Stockwerken befindest.

3. **Spaziergänge in der Natur:**
   Plane regelmäßige Spaziergänge in der Natur ein. Dies kann eine erholsame und gleichzeitig aktive Möglichkeit sein, sich zu bewegen. Ein Park in der Nähe oder Grünflächen bieten oft ideale Orte für solche Aktivitäten.

4. **Bewegung mit Freunden und Familie:**
   Verbinde soziale Interaktion mit körperlicher Aktivität, indem du dich mit Freunden oder Familienmitgliedern zu sportlichen

Aktivitäten verabredest. Das macht nicht nur mehr Spaß, sondern sorgt auch für gegenseitige Motivation.

5. **Mikro-Workouts:**
   Nutze kurze Zeitfenster für Mikro-Workouts. Dies könnten kurze Intervalle von Übungen wie Kniebeugen, Liegestützen oder Dehnübungen sein. Diese lassen sich leicht in den Tagesablauf integrieren.
6. **Mit dem Fahrrad oder zu Fuß zur Arbeit:**
   Wenn möglich, wähle das Fahrrad oder gehe zu Fuß zur Arbeit. Das ist nicht nur umweltfreundlich, sondern integriert auch körperliche Aktivität in deine tägliche Pendelroutine.
7. **Aktive Freizeitgestaltung:**
   Statt passiver Freizeitaktivitäten wie Fernsehen oder Social Media, wähle aktive Alternativen. Tanzen, Yoga, Radfahren oder Gartenarbeit sind Beispiele für Aktivitäten, die sowohl Freude bereiten als auch Bewegung bieten.
8. **Fitness-Apps und Home-Workouts:**
   Nutze Fitness-Apps oder Online-Ressourcen für kurze Home-Workouts. Diese können bequem in den Tagesablauf integriert werden und erfordern oft keine spezielle Ausrüstung.
9. **Teilnahme an Sportveranstaltungen:**
   Schließe dich lokalen Sportgruppen oder -veranstaltungen an. Dies schafft nicht nur eine Gemeinschaft, sondern motiviert auch zu regelmäßiger Teilnahme an sportlichen Aktivitäten.
10. **Bewegung als soziale Zeit:**
    Mache Aktivitäten mit Freunden zu einem Bewegungsevent. Das könnte ein gemeinsamer Lauf, eine Radtour oder eine Sportart sein, die alle genießen können.

Die Schlüssel zur erfolgreichen Integration von Sport und Bewegung in den Alltag liegen in der Kreativität, Konsistenz und der Auswahl von Aktivitäten, die Freude bereiten. Durch kleine, nachhaltige Anpassungen wird körperliche Aktivität zu einem natürlichen Bestandteil des täglichen Lebens.

4.4.3 Bindungen pflegen: Die Kraft sozialer Verbindungen

Mitten im Trubel des Alltags verlieren wir oft den Blick für die Kraft sozialer Verbindungen. Dabei spielt es keine Rolle, ob es sich um enge Freundschaften, familiäre Beziehungen oder berufliche Kontakte handelt – die positiven Effekte erstrecken sich über verschiedene Bereiche unseres Lebens.

Die Stärkung sozialer Verbindungen kann erheblich dazu beitragen, individuellen Stress abzubauen. Sie fördert emotionale Stabilität und stärkt die psychische Widerstandsfähigkeit gegenüber den Herausforderungen des Lebens. Inspirierende Beispiele und praktische Ratschläge helfen dabei, bewusst an der Pflege zwischenmenschlicher Beziehungen zu arbeiten. Kommunikation, Empathie und gegenseitige Unterstützung stehen dabei im Fokus, um ein unterstützendes soziales Netzwerk aufzubauen. Werfen wir einen genaueren Blick darauf, wie die Sozialverbindungen durch konkrete Handlungen gestärkt werden kann.

1. **Aktives Zuhören:**
   Ein wesentlicher Bestandteil jeder Beziehung ist die Fähigkeit, aktiv zuzuhören. Dies zeigt nicht nur Interesse, sondern baut auch Vertrauen auf.

2. **Gemeinsame Erlebnisse schaffen:**
   Teilen von positiven Erfahrungen und Schaffen von gemeinsamen Erinnerungen intensivieren die emotionale Verbindung.

3. **Gegenseitige Unterstützung:**
   In guten wie in schlechten Zeiten füreinander da sein stärkt die Verbundenheit.
4. **Empathie entwickeln:**
   Sich in die Gefühle des anderen einfühlen fördert Verständnis und Fürsorglichkeit.
5. **Offene Kommunikation:**
   Einen Raum für ehrliche Gespräche schaffen, um Missverständnisse zu minimieren.
6. **Gemeinsame Interessen pflegen:**
   Identifikation und Pflege gemeinsamer Interessen und Hobbys fördern das Gefühl der Einheit.
7. **Erfolge gemeinsam feiern:**
   Präsent sein, um Erfolge gemeinsam zu feiern, stärkt das Gefühl der Unterstützung.
8. **Routinemäßige Kontaktpflege:**
   Regelmäßige Kontakte, sei es durch kurze Nachrichten oder virtuelle Treffen, erhalten die Verbindung aufrecht.
9. **Respekt und Akzeptanz:**
   Respekt vor der Individualität des anderen und Akzeptanz von Unterschieden fördern ein gesundes Miteinander.
10. **Kleine Aufmerksamkeiten:**
    Überraschungen, sei es in Form von Nachrichten oder kleinen Geschenken, drücken Wertschätzung aus.

Auch die Bedeutung digitaler Kommunikationsmittel für die Aufrechterhaltung enger Verbindungen ist heutzutage nicht zu unterschätzen. Sie fungieren als Brücken in unserer hochvernetzten Welt und bieten verschiedene Wege, um trotz physischer Distanz eine enge Beziehung aufrechtzuerhalten.

1. **Videotelefonie und Virtuelle Treffen:**
   Durch Plattformen für Videotelefonie können wir nicht nur die Stimme des Gesprächspartners hören, sondern auch dessen Gesicht sehen. Das schafft eine persönlichere Verbindung und ermöglicht es, Emotionen und Nuancen in der Kommunikation zu erfassen. Virtuelle Treffen bieten die Möglichkeit, gemeinsam Zeit zu verbringen, auch wenn man sich räumlich voneinander entfernt befindet.

2. **Soziale Medien:**
   Plattformen wie Facebook, Instagram und andere soziale Medien ermöglichen es, am Leben des anderen teilzuhaben. Durch das Teilen von Fotos, Status-Updates und Kommentaren bleiben wir informiert über die Ereignisse im Leben unserer Freunde und Familie, selbst wenn sie weit entfernt sind.

3. **Chat und Messaging-Apps:**
   Der Austausch von Nachrichten in Echtzeit über verschiedene Messaging-Apps ermöglicht es, unkompliziert in Kontakt zu bleiben. Egal, ob es sich um kurze Nachrichten oder ausführliche Gespräche handelt, diese digitalen Plattformen ermöglichen eine kontinuierliche Kommunikation.

4. **Gemeinsame Online-Aktivitäten:**
   Durch die Teilnahme an gemeinsamen Online-Aktivitäten, wie gemeinsames Gaming, virtuelles Kochen oder das Anschauen von Filmen über Streaming-Plattformen, können Freundschaften aktiv gepflegt und vertieft werden.

5. **Digitale Grußkarten und Überraschungen:**
   Das Versenden digitaler Grußkarten, virtueller Geschenke oder Überraschungen über spezielle Plattformen verleiht der Kommunikation eine persönliche Note und zeigt, dass man trotz der Entfernung aneinander denkt.

Die vielfältigen Möglichkeiten digitaler Kommunikation tragen dazu bei, trotz räumlicher Distanz enge Verbindungen aufrechtzuerhalten. Sie schaffen eine Plattform für den Austausch von Gedanken, Erlebnissen und Emotionen, was entscheidend ist, um eine tiefe und unterstützende soziale Verbindung zu bewahren.

4.4.4 Die Kunst der Selbstakzeptanz

Es gibt Momente im Leben, in denen wir erkennen müssen, dass wir nicht jedermanns Geschmack sind, und das ist vollkommen in Ordnung. Diese Erkenntnis ist nicht nur befreiend, sondern auch ein wesentlicher Schritt auf dem Weg zur inneren Ruhe und Selbstakzeptanz. In diesem Kapitel werden wir darüber sprechen, wie man die Fähigkeit entwickeln kann, zu akzeptieren, dass man nicht von jedem Menschen gemocht oder verstanden wird, und warum das in Ordnung ist.

1. **Selbstreflexion**
   Ehe wir uns in die Tiefen des „Nicht-jedermanns-Geschmack"-Seins stürzen, ist es wichtig, sich erstmal selbst klar zu sehen. Schau in den Spiegel deiner Werte, Interessen und Eigenheiten. Wer bist du wirklich? Was sind deine Stärken und Schwächen? Erkenne dich selbst, bevor du die Welt um dich herum verstehen kannst.

2. **Akzeptanz der Unvollkommenheit**
   Niemand von uns ist perfekt, und das ist keine Schwäche. Im Gegenteil, es macht uns menschlich und einzigartig. Akzeptiere, dass du nicht jedem gefallen wirst, und sieh es als etwas Positives. Authentisch zu sein und zu bleiben ist wichtiger, als sich zu verbiegen, um anderen zu gefallen.

3. **Die Kraft der Selbstliebe**
   Selbstliebe ist der Schlüssel zur inneren Ruhe. Wenn du dich selbst liebst, werden die Meinungen der anderen weniger bedeutend. Suche nicht nach Anerkennung von außen, sondern schätze dich selbst. Jeder Mensch hat seine eigene Geschichte und Perspektive. Respektiere dich selbst und sei stolz darauf, wer du bist.

4. **Verständnis für Unterschiede**
   Menschen sind verschieden, und das ist gut so. Nicht jeder wird deine Sichtweise teilen oder verstehen können. Das ist normal und gesund. Lerne, die Unterschiede zu schätzen, und begreife, dass es nicht deine Aufgabe ist, mit jedem auf einer Wellenlänge zu sein.

5. **Unabhängigkeit von externer Validierung**
   Die Suche nach Bestätigung von anderen kann wie ein unendliches Labyrinth wirken. Der Schlüssel liegt darin, die eigene Wertschätzung nicht von der Zustimmung anderer abhängig zu machen. Glück sollte nicht durch Meinungen von außen definiert werden. Befreie dich von der ständigen Suche nach Zustimmung und entwickle die Fähigkeit, dein eigenes Maß für Erfolg und Zufriedenheit zu setzen.

6. **Wachstum durch Zurückweisung**
   Ablehnung kann uns voranbringen. Sie kann als Anstoß für persönliches Wachstum dienen. Anstatt sich von negativen Erfahrungen entmutigen zu lassen, betrachte sie als Chance zum Wachsen. Was kannst du aus diesen Situationen lernen? Nutze sie als Treibstoff, um eine noch stärkere Version deiner selbst zu werden.

In der Akzeptanz unserer Einzigartigkeit und der Tatsache, dass wir nicht jedermanns Geschmack sind, finden wir den Pfad zu innerem Frieden und authentischem Glück. Die Reise zur Selbstakzeptanz ist persönlich und endlos, aber sie ist auch befreiend und erfüllend.

4.5 Harmonie in der Stille – Ein Weg aus den Wirren des Denkens

Es gibt Momente im Leben, in denen die Gedanken wie wilde Fluten über uns hereinbrechen und uns gefangen nehmen. Diese endlosen Grübeleien können nicht nur erdrückend, sondern auch zerstörerisch für unseren inneren Frieden sein. In diesem Kapitel werden wir erkunden, wie wir den Gedankensturm beenden können und zu einer ruhigen mentalen Landschaft zurückfinden.

Achtsamkeit und Gegenwärtigkeit

Beginnen wir mit der Kunst der Achtsamkeit, einer Praxis, die uns hilft, uns auf den gegenwärtigen Moment zu konzentrieren. Lass uns die Gedanken in unserem Kopf anerkennen, aber dann bewusst zur Gegenwart zurückkehren. Spüre den Atem, die Umgebung, und erlaube dir selbst, in diesem Moment zu verweilen.

1. **Die Macht der Selbstgespräche**
   Erschaffe einen innerlichen Dialog mit positiven und konstruktiven Gedanken. Wenn negative Spiralen drohen, werde aktiv. Hinterfrage die negativen Gedanken und ersetze sie durch aufbauende Aussagen. Du bist der Architekt deiner Gedankenwelt.

2. **Akzeptanz und Gelassenheit**
   Manchmal müssen wir die Gedanken akzeptieren und dann loslassen. Statt gegen die Gedanken anzukämpfen, erlaube ihnen, einfach da zu sein. Lass sie vorbeiziehen, ohne sie zu bewerten. In dieser Akzeptanz liegt eine Form der inneren Ruhe.

3. **Aktive Ablenkung**
   Die körperliche Bewegung kann dazu beitragen, den Geist zu beruhigen. Leite deine Aufmerksamkeit bewusst auf eine körperliche Aktivität. Egal, ob es ein Spaziergang, Sport oder eine einfache Dehnübung ist – aktive Ablenkung kann die Gedankenspiralen durchbrechen.

4. **Strukturierte Tage**
   Eine klare Struktur im Tagesablauf kann dazu beitragen, den Geist zu beruhigen und das Grübeln zu minimieren. Setze klare Ziele für den Tag und halte dich an eine Routine. Eine strukturierte Tagesordnung gibt dem Geist Orientierung und minimiert den Raum für endlose Gedankenspiralen.

5. **Hilfe von Fachleuten**
   Es ist mutig, professionelle Hilfe in Anspruch zu nehmen. Ein Therapeut oder Berater kann wertvolle Unterstützung bieten und dir Werkzeuge vermitteln, um mit den negativen Gedankenspiralen umzugehen. Manchmal ist es ein gemeinsamer Weg, der uns hilft, Frieden mit unserem Geist zu schließen.

Die Harmonie in der Stille ist erreichbar. Die Reise erfordert Achtsamkeit, Selbstakzeptanz und aktive Schritte, um die Wirren des Denkens zu durchbrechen. Dieser Weg mag individuell sein, aber die Aussicht auf inneren Frieden ist es wert, ihn zu beschreiten.

4.6 Gesunde Lebensführung

4.6.1 Praktische Tipps für eine Gesunde Ernährung im Alltag

Eine ausgewogene Ernährung ist entscheidend für die Förderung von Gesundheit und Wohlbefinden. Hier sind einige wichtige Aspekte und praktische Tipps, wie eine ausgewogene Ernährung in den Alltag integriert werden kann:

1. **Vielfältige Lebensmittelgruppen:**
   Stelle sicher, dass deine Mahlzeiten eine Vielzahl von Lebensmittelgruppen abdecken, einschließlich Obst, Gemüse, Vollkornprodukte, Proteine (aus magerem Fleisch, Fisch, Hülsenfrüchten oder Nüssen) und gesunde Fette. Dies gewährleistet eine breite Palette von Nährstoffen.

2. **Portionskontrolle:**
   Achte auf angemessene Portionsgrößen, um Überernährung zu vermeiden. Höre auf dein Sättigungsgefühl und versuche, die Menge der aufgenommenen Kalorien im Gleichgewicht zu deinem Energieverbrauch zu halten.

3. **Wasser trinken:**
   Trinke ausreichend Wasser, da es eine Schlüsselrolle in vielen Körperfunktionen spielt. Es hilft nicht nur bei der Verdauung, sondern fördert auch die Hautgesundheit und kann den Appetit zügeln.

4. **Regelmäßige Mahlzeiten:**
   Plane regelmäßige Mahlzeiten und Snacks, um den Blutzuckerspiegel stabil zu halten.
   Dies kann helfen, Heißhungerattacken zu vermeiden und Energie über den Tag hinweg aufrechtzuerhalten.

5. **Selbstgemachte Speisen:**
   Bereite so oft wie möglich selbst zubereitete Mahlzeiten zu. Dies gibt dir die Kontrolle über die Zutaten und ermöglicht es, auf eine ausgewogene Ernährung zu achten.

6. **Farbenvielfalt auf dem Teller:**
   Iss bunte Lebensmittel, da verschiedene Farben oft auf unterschiedliche Nährstoffe hinweisen. Dies fördert eine ausgewogene Nährstoffaufnahme.

7. **Achtsames Essen:**
   Iss bewusst und nimm dir Zeit für Mahlzeiten. Dies kann dazu beitragen, übermäßiges Essen zu verhindern und das Sättigungsgefühl zu erkennen.

8. **Snack-Alternativen:**
   Ersetze ungesunde Snacks durch gesunde Alternativen wie Nüsse, Obst oder Gemüsesticks.

9. **Moderation bei Genussmitteln:**
   Genieße Lebensmittel wie Süßigkeiten oder salzige Snacks in Maßen. Eine ausgewogene Ernährung erlaubt auch Platz für gelegentliche Genussmittel.

10. **Bewusst einkaufen:**
    Plane deine Einkäufe im Voraus und halte dich an deine Einkaufsliste. Vermeide es, hungrig einzukaufen, um Impulskäufe von ungesunden Lebensmitteln zu verhindern.

4.6.2 Schlafqualität fördern

Ein gesunder und erholsamer Schlaf ist für das allgemeine Wohlbefinden und die körperliche Gesundheit von entscheidender Bedeutung. Um die Qualität des Schlafs zu fördern oder zu verbessern, sind einige wichtige Faktoren zu beachten.

Eine entspannte Schlafumgebung spielt eine Schlüsselrolle. Dunkelheit, eine angenehme Raumtemperatur und eine bequeme Matratze schaffen ideale Bedingungen für einen tiefen Schlaf.

Gleichzeitig ist es ratsam, vor dem Zubettgehen auf die Nutzung elektronischer Geräte zu verzichten, da das Licht von Bildschirmen den natürlichen Schlaf-Wach-Rhythmus beeinflussen kann.

Die Einführung einer regelmäßigen Schlafenszeit und -routine trägt dazu bei, den Körper auf den nächtlichen Schlaf vorzubereiten. Schlussendlich ist die Vermeidung von schweren Mahlzeiten und koffeinhaltigen Getränken vor dem Zubettgehen förderlich für einen ungestörten Schlaf.

Es gibt bestimmte Teesorten und Nahrungsmittel, die für ihre beruhigenden Eigenschaften bekannt sind und den Schlaf fördern können.

Teesorten:

1. **Kamillentee:**
   Kamillentee hat beruhigende Eigenschaften und kann dazu beitragen, Entspannung vor dem Schlafengehen zu fördern.

2. **Lavendeltee:**
   Lavendel ist für seine entspannende Wirkung bekannt. Ein Lavendeltee vor dem Schlafengehen kann dabei helfen, Stress abzubauen.

3. **Pfefferminztee:**
   Pfefferminztee kann beruhigend auf den Magen wirken und bei Unwohlsein vor dem Schlafengehen helfen.

4. **Passionsblumentee:**
   Passionsblume wird traditionell für ihre angstlösenden Eigenschaften verwendet und kann somit dabei helfen, vor dem Schlafengehen zu entspannen.

5. **Hopfentee:**
   Hopfen wird oft in Verbindung mit beruhigenden Eigenschaften gebracht und kann als Tee vor dem Zubettgehen genossen werden.

Nahrungsmittel:

1. **Banane:**
   Bananen enthalten Melatonin und Serotonin, die den Schlaf-Wach-Rhythmus regulieren können.

2. **Mandeln:**
   Mandeln sind reich an Magnesium, das eine entspannende Wirkung haben kann. Eine kleine Menge vor dem Schlafengehen kann hilfreich sein.

3. **Haferflocken:**
   Haferflocken enthalten Melatonin und können eine leichte, beruhigende Abendmahlzeit sein.

4. **Kirschen:**
   Kirschen sind eine natürliche Quelle für Melatonin, das die Schlafqualität verbessern kann.

Es ist wichtig zu beachten, dass die Wirkung von Lebensmitteln und Tees auf den Schlaf individuell variieren kann. Experimentiere mit verschiedenen Sorten und Lebensmitteln, um herauszufinden, was am besten für dich funktioniert.

4.7 Routinen für tägliches Wohlbefinden

4.7.1 Strukturierte Rituale

Strukturierte Rituale sind ein Schlüssel für tägliches Wohlbefinden und bieten eine bewusste und unterstützende Struktur für den Tag. Hier sind einige detaillierte Aspekte, wie du strukturierte Rituale in deinen Alltag integrieren kannst:

1. **Morgenritual:**
   Beginne den Tag bewusst mit einem Morgenritual. Dies könnte eine kurze Meditation, Atemübungen oder das Führen eines Dankbarkeitstagebuchs (vgl. Kap. 6.3) sein. Ein ruhiger Start legt den Grundstein für einen positiven Tag.

2. **Zeitmanagement:**
   Strukturiere deinen Tag mit klaren Zeitblöcken für verschiedene Aktivitäten. Dies hilft, Überlastung zu vermeiden und ermöglicht eine effiziente Nutzung der Zeit.

3. **Pausen und Erholung:**
   Integriere bewusste Pausen in deinen Tag. Diese können kurze Spaziergänge, Dehnübungen oder Momente der Stille sein, um Energie zu tanken und den Geist zu erfrischen.

4. **Arbeits- und Entspannungsphasen:**
   Definiere klare Grenzen zwischen Arbeits- und Entspannungsphasen. Dies hilft dabei, beruflichen Stress zu reduzieren und den Übergang von produktiven Zeiten zu Erholungsmomenten zu erleichtern.

5. **Abendritual:**
   Schließe den Tag mit einem beruhigenden Abendritual ab. Dies könnte eine entspannende Tasse Tee, eine kurze Meditation

oder das Reflektieren des Tages sein. Ein bewusster Abschluss fördert einen erholsamen Schlaf.

6. **Bewegung und Natur:**
   Integriere regelmäßige Bewegung und Zeit in der Natur in deine Rituale. Dies fördert nicht nur die körperliche Gesundheit, sondern auch mentale Frische und Entspannung.

7. **Kommunikation:**
   Plane bewusste Zeit für Kommunikation ein, sei es mit Familie, Freunden oder Kollegen. Dies stärkt soziale Verbindungen und unterstützt das emotionale Wohlbefinden.

8. **Kreative Ausdrucksformen:**
   Reserviere Zeit für kreative Ausdrucksformen wie Schreiben, Malen oder Musizieren. Diese Rituale fördern Selbstausdruck und emotionale Entfaltung.

9. **Digitale Pausen:**
   Plane regelmäßige digitale Pausen ein, um dich von Bildschirmen zu erholen und den Fokus auf die realen Umgebungen zu lenken.

10. **Reflexion und Anpassung:**
    Schließe den Tag mit einer kurzen Reflexion ab. Identifiziere, was gut lief, und überlege, wie du Rituale anpassen kannst, um dein Wohlbefinden weiter zu verbessern.

Beginne mit den Ritualen, die dir am meisten zusagen oder die deiner aktuellen Situation entsprechen, und füge nach und nach weitere hinzu, wenn es für dich stimmig ist. Die Schlüssel liegen in der Nachhaltigkeit und der Anpassung an deine individuellen Bedürfnisse für ein dauerhaftes Wohlbefinden.

4.7.2 Entspannende Selbstpflege-Rituale

Die Entwicklung von Selbstpflegeritualen erfordert eine bewusste Entscheidung, Zeit für sich selbst einzuplanen. Es geht darum, kleine Handlungen und Aktivitäten zu identifizieren, die uns positive Energie schenken und uns mit einem Gefühl von Gelassenheit erfüllen. Diese Rituale können variieren, da jeder Mensch unterschiedliche Bedürfnisse und Vorlieben hat.

Ein klassisches Selbstpflegeritual ist das Eintauchen in ein warmes Bad. Der Moment, in dem warmes Wasser den Körper umhüllt, kann nicht nur körperliche Entspannung bieten, sondern auch dazu beitragen, den Geist zu beruhigen. Das Hinzufügen von ätherischen Ölen oder beruhigender Musik verstärkt den Effekt und schafft eine regelrechte Oase der Ruhe.

Das Lesen eines Buches ist ein zeitloses Selbstpflegeritual, das die Gedanken in eine andere Welt entführt. Das Eintauchen in die Seiten eines Buches ermöglicht es uns, dem Alltag zu entfliehen und in die Welt der Geschichten einzutauchen. Egal, ob es sich um fesselnde Romane, inspirierende Sachbücher oder beruhigende Gedichte handelt, das Lesen bietet eine wertvolle Auszeit.

Das Hören beruhigender Musik ist ein weiteres Ritual, das uns mit positiver Energie versorgt. Die Auswahl der Musik kann je nach Stimmung variieren – von sanften Klängen bis zu belebenden Melodien. Musik hat die Kraft, Emotionen zu beeinflussen und kann uns dabei unterstützen, Stress abzubauen und eine entspannte Atmosphäre zu schaffen.

Die Entfaltung von Selbstpflegeritualen erfordert keine aufwendigen Schritte. Es geht vielmehr darum, bewusste Entscheidungen zu treffen und kleine Handlungen in den Alltag zu integrieren. Eine kurze Meditation am Morgen, das Genießen einer Tasse Tee am Abend oder das Führen eines Tagebuchs können bereits transformative Wirkungen entfalten.

Es ist wichtig zu betonen, dass Selbstpflegerituale nicht als Luxus betrachtet werden sollten, sondern als wesentlicher Bestandteil eines gesunden Lebensstils. Sie dienen nicht nur dazu, uns zu entspannen, sondern fördern auch die innere Balance und Resilienz gegenüber den Herausforderungen des Lebens.

Die Individualität der Selbstpflegerituale ermöglicht es jedem, seinen eigenen Weg zur Selbstfürsorge zu finden. Durch die regelmäßige Integration solcher Rituale in den Alltag können wir eine nachhaltige Praxis der Selbstpflege etablieren. Diese kleinen, aber bedeutsamen Handlungen tragen dazu bei, das eigene Wohlbefinden zu stärken und einen Raum für innere Harmonie zu schaffen, der in der heutigen schnelllebigen Welt von unschätzbarem Wert ist.

4.7.3 Entspannungstechniken für Ruhe

Inmitten des hektischen Sturms des Lebens ist es von entscheidender Bedeutung, Inseln der Ruhe zu finden. Denn gerade in den Momenten von Stress und Hektik ist der Bedarf an innerer Ausgeglichenheit besonders groß. Um solche Ruheoasen zu schaffen, bieten sich verschiedene Entspannungstechniken an. Hier sind einige Beispiele, die dazu beitragen können, Ruhe und Ausgeglichenheit in das Leben zu bringen:

- **Atemübungen:**
  Langsame und tiefe Atemzüge können den Stresslevel senken und das Nervensystem beruhigen (vgl. Kap. 4.1).
- **Progressive Muskelentspannung (PMR):**
  Durch das bewusste Anspannen und anschließende Entspannen verschiedener Muskelgruppen im Körper wird eine tiefe Entspannung erreicht (vgl. Kap 4.3.2).

- **Meditation:**
  Die Praxis der Meditation, sei es durch Achtsamkeit oder geführte Meditationen, hilft dabei, den Geist zu beruhigen und inneren Frieden zu finden.

- **Yoga:**
  Yoga kombiniert körperliche Bewegung, Atemkontrolle und Meditation und trägt dazu bei, Stress abzubauen und die Flexibilität zu verbessern.

- **Autogenes Training:**
  Eine Methode der Selbsthypnose, bei der durch Konzentration auf bestimmte Körperempfindungen Entspannung erreicht wird.

- **Massage:**
  Eine Massage kann nicht nur körperliche Verspannungen lösen, sondern auch das allgemeine Wohlbefinden steigern.

- **Naturverbundene Aktivitäten:**
  Zeit in der Natur zu verbringen, sei es durch Spaziergänge, Wandern oder einfach nur im Grünen zu sein, kann entspannend wirken.

- **Warmwasserbäder:**
  Ein entspannendes Bad mit warmem Wasser kann die Muskeln lockern und eine beruhigende Wirkung auf den gesamten Körper haben.

- **Klangtherapie:**
  Das Hören beruhigender Klänge, sei es durch Musik, Naturgeräusche oder Klangschalen, kann eine entspannende Atmosphäre schaffen.

- **Tai Chi:**
  Eine traditionelle chinesische Bewegungskunst, die durch fließende Bewegungen und Atemkontrolle Ruhe und Gelassenheit fördert.

Es ist wichtig zu beachten, dass nicht jede Technik für jeden Menschen gleich wirkt. Es lohnt sich, verschiedene Methoden auszuprobieren und herauszufinden, welche am besten zu den eigenen Bedürfnissen und Vorlieben passt.

4.7.4 Dankbarkeit als täglicher Begleiter

Dankbarkeit ist von grundlegender Bedeutung für unser persönliches Wohlbefinden und unsere zwischenmenschlichen Beziehungen. Sie dient als kraftvolles Werkzeug, um positive Emotionen zu kultivieren und das allgemeine Lebensgefühl zu verbessern. Wenn wir uns bewusst darauf konzentrieren, wofür wir dankbar sind, lenken wir unsere Aufmerksamkeit weg von möglichen Mängeln und hin zu den positiven Aspekten unseres Lebens.

Dankbarkeit fördert auch eine positive Einstellung und Resilienz. Indem wir uns auf die positiven Aspekte unseres Daseins konzentrieren, entwickeln wir eine widerstandsfähigere Haltung gegenüber den Herausforderungen des Lebens. Dies ermöglicht es uns, selbst in schwierigen Zeiten eine optimistischere Perspektive beizubehalten.

In zwischenmenschlichen Beziehungen spielt Dankbarkeit eine entscheidende Rolle. Das Ausdrücken von Dankbarkeit stärkt Bindungen und fördert ein unterstützendes soziales Umfeld. Menschen, die ihre Wertschätzung zeigen, schaffen eine Atmosphäre der Anerkennung und Verbundenheit, was wiederum die Qualität der zwischenmenschlichen Beziehungen verbessert.

Darüber hinaus kann Dankbarkeit dazu beitragen, die Selbstreflexion zu fördern. Wenn wir uns bewusst machen, wofür wir dankbar sind, erkennen wir oft, dass viele positive Aspekte unseres Lebens nicht selbstverständlich sind. Dies kann dazu führen, dass wir bewusster und achtsamer durch unser Leben gehen.

Insgesamt ist Dankbarkeit ein mächtiges Instrument, um die Lebensqualität zu steigern, positive Beziehungen zu fördern und eine optimistische Lebenshaltung zu entwickeln. Es ist eine bewusste Entscheidung, die weitreichende positive Auswirkungen auf unser emotionales Wohlbefinden und unsere zwischenmenschlichen Verbindungen haben kann.

4.8 Kleine Schritte, große Erfolge: Ziele im Alltag setzen

Kleine, schrittweise Veränderungen im Alltag können effektiv dazu beitragen, langfristige Ziele zu erreichen. Statt sich von großen Aufgaben überwältigen zu lassen, kann man durch die Konzentration auf kleine, machbare Schritte einen nachhaltigen Fortschritt erzielen. Hier sind einige detaillierte Einblicke in die Anwendung dieses Prinzips:

1. **Kleine Ziele setzen:**
   Beginne damit, dir kleine, realistische Ziele zu setzen. Diese sollten spezifisch, messbar und erreichbar sein. Beispielsweise könnte es darum gehen, täglich 10 Minuten zu meditieren oder mehr Wasser zu trinken.
2. **Aufgaben in Teilschritte unterteilen:**
   Teile größere Aufgaben in kleinere Teilschritte auf. Dies macht die Gesamtaufgabe weniger entmutigend und ermöglicht es dir, dich auf kleine Erfolge zu konzentrieren.

3. **Fortschritt regelmäßig überprüfen:**
   Halte regelmäßig inne, um deinen Fortschritt zu überprüfen. Notiere die kleinen Erfolge und Anpassungen, die du vorgenommen hast. Dies stärkt die Motivation und hilft, den Blick auf das Gesamtbild zu behalten.

4. **Flexibilität bewahren:**
   Sei flexibel in deiner Herangehensweise. Wenn du feststellst, dass eine Strategie nicht effektiv ist, passe sie an. Kleine Anpassungen können große Auswirkungen haben.

5. **Selbstbelohnungen einbauen:**
   Belohne dich selbst für erreichte Meilensteine, auch wenn sie klein sind. Dies fördert positive Verstärkung und stärkt die Motivation für zukünftige Bemühungen.

6. **Unterstützung suchen:**
   Teile deine Ziele mit Freunden oder der Familie. Die Unterstützung aus deinem sozialen Umfeld kann dir helfen, auf dem richtigen Weg zu bleiben und den Prozess angenehmer zu gestalten.

7. **Geduld und Ausdauer:**
   Verinnerliche, dass Veränderungen Zeit brauchen. Habe Geduld und Ausdauer, während du dich auf deine kleinen, schrittweisen Fortschritte konzentrierst.

8. **Reflexion und Anpassung:**
   Nimm dir Zeit, um regelmäßig zu reflektieren. Analysiere, was funktioniert hat, und passe deine Strategien bei Bedarf an. Dieser dynamische Ansatz ermöglicht eine kontinuierliche Verbesserung.

Das „Kleine Schritte, große Erfolge"-Prinzip betont die Macht von inkrementellen Veränderungen im täglichen Leben, um langfristige

Ziele zu erreichen. Durch die Implementierung dieser kleinen Schritte kannst du eine nachhaltige Veränderung erleben, ohne dich von großen Herausforderungen überwältigen zu lassen.

4.9 Strategien für eine Digitale Balance

In der heutigen Zeit spielt die Pflege einer ausgewogenen digitalen Balance eine entscheidende Rolle für unser allgemeines Wohlbefinden. Die fortlaufende Nutzung digitaler Technologien beeinflusst unser Leben in vielerlei Hinsicht. Die ständige Flut von Informationen, permanente Erreichbarkeit und die Verlockung, sich von digitalen Ablenkungen mitreißen zu lassen, können zu Stress, Erschöpfung und negativen Auswirkungen auf unsere körperliche und mentale Gesundheit führen.

Erkunde Ansätze zur Förderung einer ausgewogenen digitalen Lebensweise. Im Folgenden werden einige konkrete Strategien vorgestellt.

1. **Klare Zeiträume setzen für ungestörte Ruhe:**
   Setze klare Zeiträume für digitale Entgiftung fest, sei es stundenweise oder an bestimmten Tagen. Durch das gezielte Abschalten von Benachrichtigungen minimierst du störende Unterbrechungen. Verbanne digitale Geräte aus dem Schlafzimmer, um ungestörten Schlaf zu fördern.

2. **Bewusste Offline-Momente:**
   Plane bewusst Offline-Aktivitäten, sei es Sport oder soziale Interaktionen ohne digitale Beteiligung. Integriere Tage oder Stunden ohne digitale Technologien in deinen Kalender, um dich auf andere Interessen zu konzentrieren. Schaffe bewusste Räume für Offline-Momente, insbesondere beim Essen.

3. **Digitale Ordnung schaffen:**
   Reduziere digitale Unordnung, indem du nicht benötigte Apps, Dateien und E-Mails in ein Archiv verschiebst oder löschst. Eine aufgeräumte digitale Umgebung fördert einen klaren und fokussierten Geist. Durch die Reduzierung von unnötigen Dateien kannst du dich besser auf das Wesentliche konzentrieren und Zeit sparen.
4. **Schlafqualität fördern:**
   Reduziere die Helligkeit der Bildschirme vor dem Schlafengehen, um die Produktion des Schlafhormons Melatonin nicht zu beeinträchtigen. Versuche, digitale Geräte mindestens eine Stunde vor dem Schlafengehen zu meiden.
5. **Digitale Auszeit in der Natur:**
   Plane regelmäßige Ausflüge in die Natur ohne digitale Geräte. Dies ermöglicht nicht nur eine Pause von Bildschirmen, sondern fördert auch eine Verbindung zur Umwelt und reduziert Stress.

Indem du diese Strategien in deinen Alltag integrierst, schaffst du Raum für Erholung, was zu einer insgesamt ausgewogeneren und gesünderen Lebensweise beitragen kann.

4.10 Die Magie neuer Hobbys

Die Befreiung der kreativen Energie durch die Erkundung neuer Interessen kann eine bereichernde Erfahrung sein. Das Eintauchen in neue Hobbys, sei z. B. das Malen, Wandern, Musizieren, Handwerken, Gartenarbeit, Kochen oder das Erlernen einer neuen Sprache, bietet eine Auszeit und fördert die Entfaltung individueller Talente.

Die Magie neuer Hobbys liegt nicht nur in der physischen Betätigung, sondern auch in der kreativen Freiheit, die sie bieten. Beispielsweise kann das Schreiben von Geschichten oder das Fotografieren die Vorstellungskraft anregen und neue Ausdrucksmöglichkeiten eröffnen.

Durch das Erlernen neuer Fertigkeiten und die Entfaltung von Kreativität können Menschen einen erfrischenden Ausgleich zu den alltäglichen privaten oder beruflichen Tätigkeiten finden. Dies trägt nicht nur zur mentalen Erholung bei, sondern kann auch neue Perspektiven und Inspiration für andere Lebensbereiche bieten.

Welches Hobby könnte für dich persönlich infrage kommen? Vielleicht gibt es eine Leidenschaft oder eine Aktivität, die schon lange dein Interesse geweckt hat. Jetzt könnte der perfekte Zeitpunkt sein, um dich darauf einzulassen und dein neues Hobby zu beginnen.

4.11 Grenzen erkennen und setzen

- **Körperliche Signale beachten**
  Dein Körper sendet oft Signale, wenn du deine Grenzen überschreitest. Achte auf Anzeichen von Stress wie Kopfschmerzen, Müdigkeit, Schlafstörungen oder Magenprobleme. Wenn du solche Signale bemerkst, nimm sie ernst und überlege, welche Änderungen nötig sind, um deine Belastung zu reduzieren.

- **Klare Kommunikation**
  Lerne, deine Bedürfnisse und Grenzen klar und direkt zu kommunizieren. Verwende „Ich"-Aussagen, um Missverständnisse zu vermeiden.

  > **Beispiele:**
  >
  > - „Ich brauche etwas Zeit für mich, um mich zu erholen."
  > - „Ich kann diese zusätzliche Aufgabe nicht übernehmen, weil ich bereits ausgelastet bin."

- **Nein sagen lernen**
  Es ist wichtig zu wissen, dass es in Ordnung ist, „Nein" zu sagen, wenn du dich überfordert fühlst oder eine Aufgabe nicht übernehmen möchtest.

> **Tipps:**
>
> - Sei höflich, aber bestimmt.
> - Biete gegebenenfalls Alternativen an oder schlage vor, die Aufgabe zu einem späteren Zeitpunkt zu übernehmen.

- **Zeit für dich selbst einplanen**
  Plane regelmäßig Zeit für Aktivitäten ein, die dir Freude bereiten und dir helfen, dich zu entspannen.
  Beispiele: Hobbys, Sport, Meditation, Lesen.

- **Regelmäßige Überprüfung und Anpassung**
  Überprüfe regelmäßig deine Grenzen und passe sie bei Bedarf an. Deine Bedürfnisse können sich im Laufe der Zeit ändern.

> **Fragen zur Überprüfung:**
>
> - Haben sich meine Grenzen in letzter Zeit verändert?
> - Gibt es neue Stressquellen, die ich angehen muss?

Das Erkennen und Setzen eigener Grenzen erfordert Selbstbewusstsein, Kommunikation und kontinuierliche Reflexion. Indem du diese Schritte befolgst, kannst du ein gesünderes und erfüllteres Leben führen, das im Einklang mit deinen persönlichen Bedürfnissen und Werten steht.

4.12 Akzeptanz und Anpassungsfähigkeit

Akzeptanz bedeutet, eine Situation oder eine Tatsache ohne Widerstand anzunehmen. Es geht darum, sich den Gegebenheiten des Lebens bewusst zu werden und sie ohne negative Emotionen oder Ablehnung zu akzeptieren. Dies ist ein wichtiger erster Schritt, um innere Ruhe und Stabilität zu finden. Menschen, die die Kunst der Akzeptanz beherrschen, neigen dazu, weniger gestresst zu sein und ihre Energie darauf zu verwenden, konstruktive Lösungen zu finden, anstatt sich gegen das Unvermeidliche zu sträuben.

Das Akzeptieren unschöner Dinge, Ereignisse oder Umstände kann eine herausfordernde, aber wichtige Fähigkeit sein, um inneren Frieden zu finden und mit schwierigen Situationen konstruktiv umzugehen. Hier sind einige konkrete Tipps, die dabei helfen können, unschöne Dinge besser zu akzeptieren:

- **Realistische Perspektive entwickeln:**
  Versuche, die Situation aus einer realistischen und objektiven Perspektive zu betrachten. Manchmal neigen wir dazu, Situationen überzubewerten oder uns in negativen Gedankenspiralen zu verlieren. Indem wir die Dinge nüchtern betrachten, können wir eine bessere Grundlage für Akzeptanz schaffen.

- **Gefühle und Gedanken akzeptieren:**
  Erlaube dir selbst, deine Gefühle und Gedanken anzunehmen, ohne sie zu verurteilen. Es ist normal, in schwierigen Situationen negative Emotionen wie Wut, Trauer oder Frustration zu empfinden. Indem du diese Gefühle anerkennst und annimmst, kannst du den ersten Schritt zur Akzeptanz machen.

- **Loslassen, was nicht kontrollierbar ist:**
  Konzentriere dich auf das, was du kontrollieren kannst, und lerne, das loszulassen, was außerhalb deiner Kontrolle liegt. Oftmals verschwenden wir Energie und emotionale Ressourcen, indem wir uns auf Dinge konzentrieren, die wir nicht ändern können.

- **Die Gegenwart akzeptieren:**
  Fokussiere dich bewusst auf den gegenwärtigen Moment und akzeptiere die Realität der Situation, ohne in die Vergangenheit

zu rutschen oder dich um die Zukunft zu sorgen. Das Akzeptieren des gegenwärtigen Moments hilft dabei, inneren Frieden zu finden.

- **Verständnis für unterschiedliche Perspektiven entwickeln:**
  Versuche, die Perspektiven anderer Menschen zu verstehen und einzubeziehen. Manchmal können unterschiedliche Sichtweisen helfen, eine Situation besser zu verstehen und zu akzeptieren.

- **Selbstmitgefühl praktizieren:**
  Sei freundlich zu dir selbst und praktiziere Selbstmitgefühl. Behandle dich selbst mit der gleichen Güte und Nachsicht, die du einem Freund oder einer Freundin in einer ähnlichen Situation entgegenbringen würdest.

- **Fokus auf persönliches Wachstum:**
  Nutze schwierige Erfahrungen als Gelegenheit für persönliches Wachstum und Entwicklung. Frage dich, was du aus der Situation lernen kannst und welche positiven Veränderungen du daraus ziehen kannst.

- **Hilfe und Unterstützung suchen:**
  Scheue dich nicht davor, Hilfe oder Unterstützung von Freunden, Familie oder professionellen Beratern zu suchen, wenn du Schwierigkeiten hast, eine Situation zu akzeptieren. Manchmal kann es hilfreich sein, externe Perspektiven und Unterstützung anzunehmen.

- **Zeit geben:**
  Akzeptanz ist ein Prozess, der Zeit und Übung erfordert. Sei geduldig mit dir selbst und erwarte nicht, dass du sofort alles akzeptieren kannst. Gib dir Zeit, um die Gefühle und Gedanken zu verarbeiten.

- **Perspektivenwechsel:**
  Manchmal hilft es, eine Situation aus einer anderen Perspektive zu betrachten oder sich in die Lage anderer Menschen zu versetzen, um ein tieferes Verständnis zu entwickeln und die Akzeptanz zu fördern.

Indem du diese Tipps in deinem Leben anwendest und kontinuierlich daran arbeitest, kannst du lernen, unschöne Dinge und schwierige Lebensumstände besser zu akzeptieren und in deine persönliche Entwicklung zu integrieren. Dies kann zu mehr innerer Ruhe, Resilienz und einem besseren Umgang mit Herausforderungen führen.

4.13 Die Kunst der Gegenwärtigkeit

Um im Hier und Jetzt zu leben, ist es wichtig, bewusst und achtsam zu sein. Oftmals verlieren wir uns in Gedanken über die Vergangenheit oder Zukunft, was zu Stress, Ängsten und Unzufriedenheit führen kann. Die Fähigkeit, im gegenwärtigen Moment präsent zu sein, kann jedoch zu größerem Wohlbefinden, innerer Ruhe und einem tieferen Verständnis für das Leben führen. Hier sind einige Ansätze und Techniken, wie man es erreichen kann, im Hier und Jetzt zu leben.

- **Achtsamkeit entwickeln**
  Achtsamkeit ist das bewusste Lenken unserer Aufmerksamkeit auf den gegenwärtigen Moment, ohne ihn zu bewerten oder zu interpretieren. Durch regelmäßige Achtsamkeitspraxis können wir lernen, unsere Gedanken, Emotionen und körperlichen Empfindungen wahrzunehmen, ohne von ihnen überwältigt zu werden. Meditation, Atemübungen und bewusstes Essen sind einige praktische Wege, um Achtsamkeit in den Alltag zu integrieren.

- **Den Moment genießen**
  Oft sind wir so beschäftigt mit der Planung für die Zukunft oder dem Bedauern der Vergangenheit, dass wir den gegenwärtigen Moment nicht vollständig erleben. Indem wir uns bewusst Zeit nehmen, um die einfachen Freuden des Lebens zu genießen – sei es ein Sonnenuntergang, eine Tasse Kaffee oder ein Gespräch mit einem Freund – können wir mehr Dankbarkeit und Zufriedenheit in unserem Leben finden.

- **Sich auf die gegenwärtige Aufgabe konzentrieren**
  Multitasking und ständige Ablenkungen können uns davon abhalten, wirklich im Moment zu sein. Indem wir uns auf eine Aufgabe konzentrieren und sie bewusst und mit voller Aufmerksamkeit erledigen, können wir effektiver arbeiten und ein tieferes Verständnis für unsere Arbeit entwickeln.

- **Negative Gedankenspiralen unterbrechen**
  Negative Gedanken über die Vergangenheit (Schuld, Bedauern) oder die Zukunft (Angst, Sorgen) können uns davon abhalten, im Hier und Jetzt präsent zu sein. Wenn solche Gedanken auftauchen, ist es hilfreich, sie zu erkennen und bewusst zu entscheiden, sie loszulassen oder durch positive Gedanken zu ersetzen, die auf den gegenwärtigen Moment ausgerichtet sind.

- **Körperliche Präsenz durch Achtsamkeitsübungen stärken**
  Achtsamkeitsübungen wie Yoga oder Tai Chi helfen dabei, das Bewusstsein für den eigenen Körper zu schärfen und eine tiefere Verbindung zwischen Körper und Geist herzustellen. Durch die Konzentration auf Atem und Bewegung können wir den Geist beruhigen und im gegenwärtigen Moment verankern.

- **Die Natur als Quelle der Gegenwart nutzen**
  Die Natur bietet eine wunderbare Möglichkeit, im Hier und Jetzt präsent zu sein. Indem wir Zeit im Freien verbringen und die Schönheit der Natur wahrnehmen – sei es beim Spaziergang im Wald oder beim Betrachten eines Sonnenaufgangs – können wir uns mit der natürlichen Welt verbinden und ein Gefühl der Ruhe und Verbundenheit erfahren.

- **Dankbarkeit kultivieren**
  Dankbarkeit ist eine mächtige Praxis, um im gegenwärtigen Moment zu leben. Indem wir uns bewusst sind über die Dinge, für die wir dankbar sind – sei es unsere Gesundheit, unsere Familie oder unsere Möglichkeiten – können wir unsere Perspektive auf das Leben verschieben und mehr Wertschätzung für das gegenwärtige Moment entwickeln. Du könntest in Erwägung ziehen, ein Dankbarkeitstagebuch zu führen. (vgl. Kap. 6.3), in dem du täglich Dinge notierst, für die du dankbar bist.

- **Bewusste Kommunikation und zwischenmenschliche Beziehungen**
  Im Gespräch mit anderen Menschen ist es wichtig, präsent zu sein und aktiv zuzuhören. Indem wir bewusst auf die Worte und Emotionen anderer eingehen, können wir tiefere Beziehungen aufbauen und den Moment vollständig genießen. Dafür ist es entscheidend, sowohl körperlich als auch geistig anwesend zu sein: konzentriere dich auf den Gesprächspartner, halte Blickkontakt und zeige durch eine offene Körperhaltung Interesse. Ablenkungen wie Handy oder andere Gedanken sollten vermieden werden, um die volle Konzentration auf das Gespräch zu gewährleisten.

- **Aktives Zuhören**
  Beim aktiven Zuhören geht es darum, nicht nur die Worte des anderen zu hören, sondern auch ihre Bedeutung zu verstehen und gegebenenfalls durch Nachfragen zu klären. Indem du die Aussagen des Gesprächspartners paraphrasierst und in eigenen Worten wiederholst, zeigst du Interesse und vermeidest Missverständnisse. Dies stellt sicher, dass du die Perspektive des anderen wirklich verstehst und dich auf den Austausch einlassen kannst. Es ist auch wichtig, eigene Gedanken und Perspektiven einzubringen, um den Dialog aktiv zu gestalten und die Gesprächsrichtung mitzubestimmen, wobei darauf geachtet werden sollte, dass das Gespräch ein echter Austausch von Ideen und Meinungen bleibt.

- **Atmung und Entspannung**
  Um nervöse Energie zu minimieren und klar denken zu können, sind Atmung und Entspannung bedeutend. Dies unterstützt eine gelassene Präsenz im Gespräch und trägt dazu bei, eine positive Gesprächsatmosphäre aufrechtzuerhalten. Nach dem Gespräch bietet es sich an, das Gehörte zu reflektieren und gegebenenfalls eine Zusammenfassung zu erstellen, um sicherzustellen, dass die wichtigsten Punkte verstanden wurden und mögliche Missverständnisse vermieden werden.

Indem man diese Praktiken in den Alltag integriert, kann man nicht nur seine Präsenz und Konzentration verbessern, sondern auch das allgemeine Wohlbefinden steigern und die Lebensqualität erhöhen.

4.14 Emotionale Resilienz stärken

Emotionale Resilienz bedeutet, mit Herausforderungen, Stress und Krisen erfolgreich umzugehen und gestärkt daraus hervorzugehen. Es geht darum, Belastungen zu bewältigen, sich anzupassen und zu erholen, ohne dass es langfristig negative Auswirkungen auf die psychische Gesundheit hat.

4.14.1 Achtsamkeit und Selbstreflexion

Ein zentraler Aspekt der emotionalen Resilienz ist die Achtsamkeit im Umgang mit eigenen Emotionen und Reaktionen. Durch Achtsamkeitspraktiken wie Meditation und bewusste Atmung kannst du lernen, Stress abzubauen und deine emotionalen Reaktionen besser zu regulieren. Die Fähigkeit zur Selbstreflexion hilft dir dabei, eigene Verhaltensmuster und Reaktionsweisen zu erkennen und gegebenenfalls anzupassen. Selbstreflexion fördert das Bewusstsein für innere Zustände und ermöglicht eine konstruktive Auseinandersetzung mit Herausforderungen.

4.14.2 Soziale Unterstützung und Beziehungen

Enge Beziehungen zu Freunden, Familie oder einer Gemeinschaft bieten emotionalen Rückhalt und die Möglichkeit zum Austausch. Diese sozialen Verbindungen fördern nicht nur das Verständnis für deine eigenen Gefühle, sondern bieten auch neue Perspektiven und Lösungsansätze. Ein starkes soziales Netzwerk kann als Puffer gegen Stress wirken und dir helfen, schwierige Zeiten besser zu bewältigen. Regelmäßige Interaktionen und offene Kommunikation stärken das Vertrauen und die emotionale Bindung.

4.14.3 Stressbewältigungstechniken

Stressbewältigungstechniken sind ebenfalls wichtig, um emotionale Resilienz aufzubauen. Dazu zählen effektives Zeitmanagement, die Fähigkeit, Prioritäten zu setzen, und die Kunst, Aufgaben gezielt zu delegieren. Indem du persönliche Stressoren identifizierst und Strategien zu ihrer Bewältigung entwickelst, kannst du eine stabile emotionale Grundlage schaffen. Techniken wie progressive Muskelentspannung, Yoga oder kreative Tätigkeiten können ebenfalls hilfreich sein, um Stress abzubauen und ein Gefühl der Kontrolle zu erlangen.

4.14.4 Gesunder Lebensstil

Ein gesunder Lebensstil unterstützt die emotionale Stabilität. Regelmäßige körperliche Aktivität, eine ausgewogene Ernährung und ausreichend Schlaf tragen dazu bei, Stress abzubauen und das allgemeine Wohlbefinden zu fördern. Körperliche Bewegung fördert die Ausschüttung von Endorphinen, den sogenannten Glückshormonen, und verbessert die Stimmung. Ein maßvoller Umgang mit Alkohol und Drogen ist ebenso wichtig, da übermäßiger Konsum die Stressbewältigung erschweren kann. Regelmäßige Entspannungstechniken wie Spaziergänge in der Natur oder ein warmes Bad können zusätzlich zur Stressreduktion beitragen.

4.14.5 Problemlösungsfähigkeit

Die Fähigkeit zur Problemlösung ist ein weiterer Baustein der emotionalen Resilienz (vgl. Kap. 4.18). Indem du komplexe Probleme in kleinere Aufgaben aufteilst und schrittweise Lösungsstrategien entwickelst, kannst du dein Selbstvertrauen und deine Bewältigungsfähigkeit stärken. Es ist hilfreich, systematisch vorzugehen und mögliche Lösungen zu bewerten, um die beste Vorgehensweise zu finden. Dies fördert ein Gefühl der Kontrolle und kann helfen, Ängste und Unsicherheiten zu reduzieren.

4.14.6 Kontinuierliches Lernen und professionelle Hilfe

Emotionale Resilienz ist ein kontinuierlicher Lernprozess, der durch Lebenserfahrungen und den Umgang mit Herausforderungen wächst. In Zeiten, in denen zusätzliche Unterstützung erforderlich ist, solltest du nicht zögern, professionelle Hilfe in Anspruch zu nehmen. Therapeuten, Coaches oder Selbsthilfegruppen können wertvolle Unterstützung bieten und dir helfen, neue Bewältigungsstrategien zu entwickeln. Der Austausch mit anderen, die ähnliche Erfahrungen gemacht haben, kann ebenfalls sehr hilfreich sein.

4.14.7 Integration in den Alltag

Durch die Integration dieser Aspekte in deinen Alltag kannst du deine emotionale Resilienz stärken und eine gesunde und stabile Grundlage für dein psychisches Wohlbefinden schaffen. Regelmäßige Übung und bewusste Achtsamkeit im täglichen Leben fördern eine nachhaltige Resilienz. Kleine, tägliche Praktiken, wie das Führen eines Dankbarkeitstagebuchs oder kurze Meditationen, können langfristig große Wirkungen erzielen.

4.15 Umgang mit Unsicherheiten und Veränderungen

In der heutigen schnelllebigen Welt sind Unsicherheiten und Veränderungen allgegenwärtig. Sie können aus verschiedenen Bereichen unseres Lebens stammen, wie beruflichen Umbrüchen, technologischen Entwicklungen oder persönlichen Lebensereignissen. Der Umgang mit diesen Unsicherheiten und Veränderungen ist entscheidend für unser Wohlbefinden und unsere Fähigkeit, erfolgreich zu navigieren und zu wachsen.

4.15.1 Verstehen und Akzeptieren von Unsicherheiten

Der erste Schritt im Umgang mit Unsicherheiten besteht darin, ihre Existenz zu akzeptieren. Unsicherheiten sind ein unvermeidlicher Teil des Lebens. Indem wir anerkennen, dass wir nicht alles kontrollieren können, können wir beginnen, eine gesündere Einstellung zu entwickeln. Es ist wichtig, sich daran zu erinnern, dass Unsicherheiten auch Chancen bieten können, sich zu entwickeln und neue Möglichkeiten zu entdecken. Diese Akzeptanz reduziert Angst und Stress und erlaubt uns, proaktiv statt reaktiv zu handeln.

4.15.2 Proaktives Handeln

Anstatt auf Veränderungen zu warten und darauf zu reagieren, ist es oft vorteilhafter, proaktiv zu handeln. Dies bedeutet, potenzielle Unsicherheiten und Veränderungen frühzeitig zu erkennen und Maßnahmen zu ergreifen, um vorbereitet zu sein. Dazu gehört:

- **Kontinuierliches Lernen:**
  Bleibe stets offen für neue Informationen und bilde dich weiter, um den sich ändernden Anforderungen gerecht zu werden.
- **Ziele setzen:**
  Definiere klare, erreichbare Ziele, die dir Orientierung und Motivation geben.
- **Risikomanagement:**
  Identifiziere potenzielle Risiken und entwickle Pläne, um ihnen entgegenzuwirken.

4.15.3 Resilienz entwickeln

Nachdem du bereits in Kapitel 4.14 über Resilienz gelesen hast, weißt du, dass emotionale Resilienz bedeutet, mit Herausforderungen und

Stress erfolgreich umzugehen und gestärkt daraus hervorzugehen. Wichtige Aspekte sind Achtsamkeit, Stressbewältigung, enge Beziehungen und ein gesunder Lebensstil.

4.15.4 Anpassungsfähigkeit

In einer sich ständig verändernden Welt ist Flexibilität eine wesentliche Eigenschaft. Flexibilität bedeutet, offen für neue Ideen und Ansätze zu sein und bereit, eingefahrene Wege zu verlassen. Anpassungsfähigkeit wiederum ist die Fähigkeit, sich an neue Bedingungen oder Umstände anzupassen. Diese beiden Fähigkeiten sind besonders wichtig im beruflichen Kontext, wo technologische Innovationen und Marktveränderungen häufige Herausforderungen darstellen. Ein flexibler und anpassungsfähiger Mensch ist eher in der Lage, in unsicheren Zeiten erfolgreich zu sein.

4.15.5 Emotionale Intelligenz

Emotionale Intelligenz spielt eine zentrale Rolle im Umgang mit Unsicherheiten und Veränderungen. Sie umfasst die Fähigkeit, die eigenen Emotionen und die anderer zu erkennen, zu verstehen und zu steuern. Menschen mit hoher emotionaler Intelligenz können besser mit Stress umgehen, Konflikte lösen und positive Beziehungen aufrechterhalten. Um die emotionale Intelligenz zu stärken, können wir:

- **Selbstbewusstsein entwickeln:**
  Erkenne und verstehe deine eigenen Emotionen und deren Auswirkungen.
- **Empathie üben:**
  Versetze dich in die Lage anderer, um ihre Perspektiven und Gefühle nachzuvollziehen.

- **Soziale Fähigkeiten verbessern:**
  Fördere deine Kommunikations- und Beziehungsfähigkeiten.

4.15.6 Techniken zur Stressbewältigung

Der Umgang mit Unsicherheiten und Veränderungen geht oft mit erhöhtem Stress einher. Daher ist es wichtig, Techniken zur Stressbewältigung zu beherrschen. Dazu gehören: Atemübungen und Meditation (vgl. Kap. 4.1 und 4.2), Entspannungstechniken (vgl. Kap. 4.3) und Zeitmanagement (vgl. Kap. 4.16).

Der Umgang mit Unsicherheiten und Veränderungen ist eine lebenslange Herausforderung, die jedoch bewältigbar ist. Durch Akzeptanz, Resilienz, Flexibilität, proaktives Handeln, emotionale Intelligenz und effektive Stressbewältigungstechniken können wir lernen, in einer sich ständig wandelnden Welt erfolgreich und zufrieden zu leben. Indem wir diese Fähigkeiten und Strategien entwickeln und anwenden, können wir nicht nur besser mit Unsicherheiten umgehen, sondern auch neue Möglichkeiten und Potenziale entdecken.

4.16 Zeitmanagement und Prioritäten setzen

Zeitmanagement bezieht sich auf die Fähigkeit, die verfügbare Zeit effektiv zu organisieren, um Aufgaben effizient zu erledigen, Ziele zu erreichen und gleichzeitig ein Gleichgewicht zwischen Berufs- und Privatleben zu wahren.

Effektives Zeitmanagement trägt dazu bei, Stress zu reduzieren, die Effizienz zu steigern und ein ausgewogenes Leben zu fördern. Indem du deine Zeit bewusst und strategisch verwaltet, kannst du deine persönlichen und beruflichen Ziele effektiver erreichen.

In den nächsten Abschnitten findest du Schlüsselaspekte und Tipps für effektives Zeitmanagement.

4.16.1 SMART-Ziele

Diese Methode sorgt für Struktur und Klarheit, ermöglicht eine effiziente Planung und erleichtert die Überprüfung deines Fortschritts. Durch SMART-Ziele kannst du deine Zeit besser managen und dich auf die wichtigsten Aufgaben konzentrieren, was zu einer gesteigerten Produktivität und einem erfüllteren Leben führt.

SMART steht für:

Spezifisch (Specific):

Das Ziel sollte klar und präzise formuliert werden, damit keine Missverständnisse darüber entstehen, was erreicht werden soll. Ein spezifisches Ziel beantwortet die Fragen Wer? Was? Wann? Wo? Warum?

Messbar (Measurable):

Es sollte möglich sein, den Fortschritt und das Erreichen des Ziels zu messen. Dazu können quantitative oder qualitative Kriterien verwendet werden, um den Erfolg objektiv festzustellen.

Erreichbar (Achievable):

Das Ziel sollte herausfordernd, aber erreichbar sein. Es ist wichtig sicherzustellen, dass die notwendigen Ressourcen, Fähigkeiten und Zeit für die Erreichung des Ziels vorhanden sind.

Relevant (Relevant):

Das Ziel sollte bedeutungsvoll und relevant für die übergeordneten Ziele und Werte sein, sei es persönlich oder beruflich. Es sollte einen positiven Beitrag zu einem größeren Plan oder einer Vision leisten.

Zeitgebunden (Time-bound):

Es ist wichtig, ein klares Enddatum oder einen Zeitrahmen festzulegen, bis wann das Ziel erreicht sein soll. Dadurch werden eine klare Orientierung und Motivation geschaffen, um das Ziel innerhalb einer bestimmten Frist zu verfolgen.

Beispiel:

Kriterium	Erklärung
Specific	Das Ziel ist spezifisch definiert: „Ich möchte dreimal pro Woche für mindestens 30 Minuten joggen gehen."
Measurable	Der Fortschritt kann durch die Anzahl der wöchentlichen Joggingeinheiten und die Dauer pro Einheit gemessen werden. Zum Beispiel: „Ich werde einen Kalender führen, um jede Joggingeinheit zu verfolgen."
Achievable	Das Ziel ist realistisch, da die Person über die körperliche Fähigkeit und die Zeit verfügt, dreimal pro Woche zu joggen.
Relevant	Dieses Ziel ist wichtig, um die körperliche Gesundheit zu verbessern und das allgemeine Wohlbefinden zu steigern. Es unterstützt auch das langfristige Ziel, aktiver zu werden.
Time-bound	Es gibt eine klare Zeitvorgabe: „Ich werde dieses Ziel innerhalb der nächsten 3 Monate erreichen."

4.16.2 Eisenhower-Matrix

Priorisiere deine Aufgaben nach Dringlichkeit und Wichtigkeit. Hierfür gibt es eine bekannte Methode, die als Eisenhower-Matrix bekannt ist. Diese Methode wurde von Dwight D. Eisenhower, dem 34. Präsidenten der Vereinigten Staaten, popularisiert. Sie hilft dabei, Aufgaben zu priorisieren und zu entscheiden, welche sofortige Aufmerksamkeit erfordern und welche langfristig geplant werden sollten. Die Matrix teilt Aufgaben in vier Kategorien ein:

- **Dringend und Wichtig:**
  Aufgaben, die sofort erledigt werden müssen, weil sie entscheidend sind und direkte Konsequenzen haben, wenn sie nicht bearbeitet werden.
- **Wichtig, aber nicht dringend:**
  Aufgaben, die zwar wichtig sind, aber nicht sofortige Aufmerksamkeit erfordern. Diese sollten langfristig geplant und priorisiert werden, um Proaktivität zu fördern.
- **Dringend, aber nicht wichtig:**
  Aufgaben, die schnell erledigt werden müssen, aber langfristig betrachtet nicht die oberste Priorität haben. Hierbei handelt es sich oft um Unterbrechungen oder Aufgaben, die delegiert werden können.
- **Nicht dringend und nicht wichtig:**
  Aufgaben, die weder sofortige Aufmerksamkeit erfordern noch langfristig von hoher Bedeutung sind. Diese Aufgaben sollten vermieden oder stark reduziert werden, um Zeit für wichtigere Tätigkeiten freizuschaufeln

Beispiel:

Dringend und Wichtig • Deadline für eine wichtige Präsentation ist heute. • Ein wichtiger Kundenanruf muss sofort beantwortet werden.	**Wichtig, aber nicht dringend** • Vorbereitung für eine anstehende Projektbesprechung nächste Woche. • Planung und Vorbereitung für ein wichtiges Meeting in zwei Tagen.
Dringend, aber nicht wichtig • Ein Kollege benötigt kurzfristig Unterstützung bei einem Problem. • Eine nicht kritische E-Mail-Anfrage, die schnell beantwortet werden kann.	**Nicht dringend und nicht wichtig** • Social Media durchscrollen in den Pausen. • Unwichtige administrative Aufgaben, die aufgeschoben werden können.

Wichtigkeit

Dringlichkeit

Die Eisenhower-Matrix kann effektiv angewendet werden, indem man alle anstehenden Aufgaben in diese Kategorien einteilt. Dies ermöglicht eine klare Priorisierung und hilft dabei, Zeit und Ressourcen effizient zu nutzen, indem man sich auf das konzentriert, was wirklich wichtig und dringend ist.

4.16.3 Zeitplanung

- Erstelle eine To-Do-Liste oder nutze digitale Tools wie z. B. „Microsoft To Do" oder „Google Tasks" zur Planung deiner Aufgaben.
- Nimm dir am Anfang der Woche Zeit, um größere Ziele und Projekte zu planen.

4.16.4 Delegation und Priorisierung

- Lerne, wenn möglich, Aufgaben zu delegieren und konzentriere dich auf die Aufgaben, die deine Fähigkeiten und Kompetenzen am besten nutzen.
- Sage auch „Nein", wenn zusätzliche Aufgaben deine Hauptziele und Prioritäten gefährden könnten.

4.16.5 Zeitdiebe identifizieren und reduzieren

- Überprüfe regelmäßig, wie viel Zeit du für verschiedene Aktivitäten aufwendest, und identifiziere Zeitdiebe wie unnötige Meetings, übermäßige E-Mails oder Unterbrechungen.
- Optimiere deine Arbeitsumgebung, um Ablenkungen zu minimieren und die Konzentration zu verbessern.

4.16.6 Selbstmanagement und Pausen einplanen

- Berücksichtige Pausen und Erholungszeiten, um Energie und Produktivität aufrechtzuerhalten.
    - Pflege einen gesunden Lebensstil, der ausreichend Schlaf, Bewegung und Ernährung umfasst, um deine Leistungsfähigkeit zu unterstützen.

4.17 Die Kraft der Selbstreflexion

Nimm dir regelmäßig Zeit, um über deine Gefühle und Bedürfnisse nachzudenken. Achte darauf, wie du dich in verschiedenen Situationen fühlst und was dir Unbehagen bereitet.

Fragen zur Selbstreflexion:

- Welche Situationen machen mich gestresst oder unwohl?
- Wann fühle ich mich überfordert oder ausgebrannt?
- Welche Aufgaben oder Verpflichtungen nehme ich widerwillig an?

4.17.1 Tägliches Journaling

Schreibe täglich in ein Tagebuch oder Notizbuch. Notiere deine Gedanken, Gefühle, Erlebnisse und Erkenntnisse.

- **Vorteile:**
  Journaling hilft, Klarheit zu gewinnen, Emotionen zu verarbeiten und Muster in deinem Verhalten zu erkennen.

> **Tipps:**
>
> - Setze dir eine feste Zeit am Tag, z.B. morgens oder abends.

- Nutze Leitfragen wie: „Was habe ich heute gelernt?", „Wofür bin ich dankbar?" oder „Welche Herausforderungen habe ich heute gemeistert?".

4.17.2 Rückblick auf die Woche

Nimm dir am Ende jeder Woche Zeit, um die vergangenen Tage zu reflektieren und zu bewerten. Überlege, was gut gelaufen ist, welche Herausforderungen du gemeistert hast und wo noch Verbesserungspotenzial besteht. Diese wöchentliche Reflexion hilft dir, aus deinen Erfahrungen zu lernen und kontinuierlich zu wachsen.

Am Ende dieses Buches findest du spezielle Seiten, die für die wöchentliche Reflexion vorgesehen sind. Nutze diese, um deine Gedanken und Erkenntnisse festzuhalten und deinen Fortschritt zu dokumentieren. Dies unterstützt dich dabei, deine Ziele im Blick zu behalten und gezielte Veränderungen vorzunehmen, um dein Wohlbefinden

Vorteile:

- **Erhöhung der Selbstwahrnehmung:**
  Durch regelmäßige Reflexion gewinnst du ein tieferes Verständnis deiner eigenen Gedanken, Gefühle und Verhaltensweisen.

- **Förderung der persönlichen Entwicklung:**
  Indem du kontinuierlich über deine Erfahrungen nachdenkst, kannst du gezielte Maßnahmen zur Verbesserung und Weiterentwicklung ergreifen.

- **Stressabbau:**
  Das Aufschreiben und Analysieren deiner Woche hilft, Stress abzubauen und Klarheit über Herausforderungen und Erfolge zu gewinnen.

- **Verstärkung der Zielorientierung:**
  Ein wöchentlicher Rückblick hilft dir, deine Fortschritte zu überprüfen und sicherzustellen, dass du auf dem richtigen Weg zu deinen langfristigen Zielen bleibst.Du könntest eine wöchentliche Rückblick-Routine etablieren, zum Beispiel jeden Sonntagabend.

4.17.3 Feedback einholen

Bitte vertrauenswürdige Personen in deinem Umfeld um ehrliches Feedback zu deinem Verhalten und deinen Entscheidungen.

Feedback von anderen ist ein wertvolles Werkzeug für die Selbstreflexion und persönliche Weiterentwicklung.

Vorteile:

1. **Neue Perspektiven:**
   Externes Feedback kann dir neue Sichtweisen auf deine Handlungen und Entscheidungen bieten, die du selbst möglicherweise nicht in Betracht gezogen hast.
2. **Blinde Flecken aufdecken:**
   Andere können Aspekte deines Verhaltens erkennen, die dir nicht bewusst sind, und dir helfen, diese zu verbessern.
3. **Stärkung der Beziehungen:**
   Das Einholen von Feedback zeigt, dass du die Meinungen anderer schätzt und respektierst, was deine Beziehungen stärken kann.
4. **Erhöhung der Selbstwahrnehmung:**
   Feedback trägt dazu bei, ein realistischeres Bild von dir selbst zu entwickeln, indem es deine Selbstwahrnehmung mit der Wahrnehmung anderer abgleicht.

5. **Förderung von Vertrauen und Offenheit:**
   Regelmäßiges Einholen von Feedback fördert eine Kultur des Vertrauens und der Offenheit in deinem sozialen und beruflichen Umfeld.

   > **Tipps:**
   >
   > - Achte darauf, Feedback von Personen einzuholen, die konstruktiv und ehrlich sind und deren Urteilsvermögen du vertraust.
   > - Höre aktiv zu und sei bereit, Kritik anzunehmen und als Grundlage für dein persönliches Wachstum zu nutzen.
   > - Um hilfreiches Feedback zu erhalten, stelle spezifische Fragen zu den Bereichen, in denen du dich verbessern möchtest. Zum Beispiel: „Wie habe ich bei der Präsentation gewirkt?" oder „Welche Verbesserungsvorschläge hast du für mein Zeitmanagement?"
   > - Basierend auf dem Feedback, setze dir konkrete und umsetzbare Ziele, um die besprochenen Bereiche zu verbessern.

Durch das Einholen von Feedback integrierst du externe Perspektiven in deine Selbstreflexion, was dir hilft, ein umfassenderes und genaueres Verständnis deiner selbst zu entwickeln. Diese Praxis ist ein kraftvolles Mittel zur persönlichen und beruflichen Weiterentwicklung, da sie dir hilft, deine blinden Flecken zu erkennen, neue Einsichten zu gewinnen und stetig an deinem Wachstum und deiner Verbesserung zu arbeiten.

4.17.4 Mind Mapping

Erstelle Mind Maps, um deine Gedanken und Ideen zu strukturieren und visuell darzustellen. Mind Mapping ist eine kreative und effektive Methode, um Informationen zu organisieren, komplexe Themen zu erfassen und neue Ideen zu entwickeln. Hier ist eine konkrete Anleitung, wie du vorgehen kannst, um eine Mind Map zu erstellen:

Schritt 1: Wähle ein zentrales Thema

- Beginne mit einem leeren Blatt Papier oder einer digitalen Mind Mapping Software.
- Schreibe das zentrale Thema oder die Hauptidee in die Mitte des Blattes und umkreise es. Dies ist der Ausgangspunkt deiner Mind Map.

Schritt 2: Füge Hauptäste hinzu

- Überlege dir die wichtigsten Unterthemen oder Hauptpunkte, die mit deinem zentralen Thema verbunden sind.
- Zeichne Linien (Hauptäste) vom zentralen Thema ausgehend und schreibe diese Unterthemen an die Enden der Linien. Verwende unterschiedliche Farben oder Stile, um die Hauptäste zu unterscheiden und visuell ansprechend zu gestalten.

Schritt 3: Ergänze Details

- Füge weitere Zweige hinzu, die von den Hauptästen ausgehen. Diese Zweige repräsentieren detaillierte Informationen, Ideen oder Unterpunkte, die zu den jeweiligen Hauptthemen gehören.
- Schreibe kurze Stichwörter oder Phrasen an die Enden dieser Zweige. Vermeide lange Sätze, um die Übersichtlichkeit zu bewahren.

Schritt 4: Verwende Symbole und Bilder

- Nutze Symbole, Bilder oder kleine Zeichnungen, um bestimmte Ideen zu visualisieren und hervorzuheben. Dies macht die Mind Map nicht nur ansprechender, sondern hilft auch, Informationen besser zu erinnern.

Schritt 5: Verknüpfe verwandte Ideen

- Zeichne Verbindungslinien zwischen verwandten Ideen oder Unterthemen, die auf verschiedenen Zweigen liegen. Dies zeigt Zusammenhänge auf und hilft, ein ganzheitliches Bild zu entwickeln.

Schritt 6: Überprüfe und erweitere deine Mind Map

- Gehe deine Mind Map noch einmal durch und überlege, ob alle wichtigen Punkte abgedeckt sind. Ergänze bei Bedarf weitere Zweige oder Details.
- Verwende die Mind Map als lebendiges Dokument, das du jederzeit aktualisieren und erweitern kannst, wenn neue Ideen oder Informationen hinzukommen.

Vorteile des Mind Mapping:

- **Klarheit und Struktur:**
  Mind Maps helfen, komplexe Informationen zu strukturieren und klar darzustellen, was die Verarbeitung und das Verständnis erleichtert.

- **Kreativität fördern:**
  Durch die visuelle und flexible Struktur werden kreative Denkprozesse angeregt und neue Ideen gefördert.

- **Gedächtnis unterstützen:**
  Die Kombination von Stichwörtern, Bildern und Farben verbessert das Gedächtnis und erleichtert das Abrufen von Informationen.

- **Effiziente Planung:**
  Mind Maps eignen sich hervorragend für die Planung von Projekten, das Brainstorming und die Organisation von Gedanken.

Mind Mapping ist eine vielseitige Technik, die in vielen Bereichen Anwendung finden kann, sei es für persönliche Reflexionen, berufliche Planungen oder kreative Projekte. Nutze diese Methode, um deine Gedanken zu ordnen und neue Perspektiven zu entdecken.

4.18 Problemlösungskompetenz entwickeln

Problemlösungskompetenz ist eine wesentliche Fähigkeit, die in vielen Lebensbereichen nützlich ist. Die Fähigkeit, Herausforderungen systematisch und effektiv zu bewältigen, reduziert Stress und fördert ein Gefühl der Kontrolle und Zufriedenheit im Leben. Hier sind einige Schritte und Techniken, um diese Kompetenz zu entwickeln:

4.18.1 Analytisches Denken fördern

Analytisches Denken ist entscheidend, um komplexe Probleme systematisch zu lösen und fundierte Entscheidungen zu treffen. Es hilft dabei, klare Strukturen zu erkennen und Zusammenhänge besser zu verstehen. Ein wichtiger Schritt dabei ist, das Problem in kleinere, überschaubare Teile zu zerlegen, um es gründlicher zu analysieren. In den folgenden Kapiteln werden zwei Techniken vorgestellt, die dir dabei helfen werden, diese Methode effektiv anzuwenden.

4.18.1.1 5-Why-Methode

Frage fünfmal „Warum?", um die Wurzel des Problems zu identifizieren.
Hier ist ein Beispiel, das die Anwendung der 5-Why-Methode veranschaulicht:

Die monatlichen Ausgaben übersteigen regelmäßig das Budget.

1. Warum übersteigen die monatlichen Ausgaben regelmäßig das Budget?
   Weil ich am Ende des Monats oft zu viel Geld ausgebe.
2. Warum gebe ich am Ende des Monats oft zu viel Geld aus?
   Weil ich häufig unvorhergesehene Einkäufe tätige.
3. Warum tätige ich häufig unvorhergesehene Einkäufe?
   Weil ich keine klare Übersicht über meine Ausgaben habe.
4. Warum habe ich keine klare Übersicht über meine Ausgaben?
   Weil ich meine Ausgaben nicht regelmäßig verfolge und aufschreibe.
5. Warum verfolge und schreibe ich meine Ausgaben nicht regelmäßig auf?
   Weil ich keine Routine oder System zur Verwaltung meiner Finanzen habe.

Identifizierte Wurzelursache:

Der Hauptgrund, warum die monatlichen Ausgaben das Budget übersteigen, ist das Fehlen eines Systems oder einer Routine zur regelmäßigen Verfolgung und Verwaltung der Finanzen.

Maßnahmen:

Um dieses Problem zu lösen und zukünftig zu verhindern, könnten folgende Maßnahmen ergriffen werden:

1. **Einführung eines Haushaltsbuchs:**
   Erstelle ein Haushaltsbuch, in dem du alle Einnahmen und Ausgaben festhältst.

2. **Nutzung von Budgetierungs-Apps:**
   Verwende eine App zur Budgetverwaltung, die dir hilft, deine Ausgaben in Echtzeit zu verfolgen.

3. **Feste Budgetkontrollen:**
   Setze dir wöchentliche oder monatliche Termine, um dein Budget zu überprüfen und Anpassungen vorzunehmen.

4. **Planung von Einkäufen:**
   Erstelle Einkaufslisten und halte dich daran, um unvorhergesehene Ausgaben zu minimieren.

5. **Ersparnisse einplanen:**
   Lege einen festen Betrag zur Seite, um unvorhergesehene Ausgaben abzudecken, ohne das Hauptbudget zu belasten.

Durch diese Maßnahmen kannst du eine bessere Kontrolle über deine Finanzen erlangen und sicherstellen, dass deine Ausgaben im Rahmen deines Budgets bleiben.

4.18.1.2 Ishikawa-Diagramm (Fischgräten-Diagramm)

Das Ishikawa-Diagramm, auch bekannt als Fischgräten-Diagramm oder Ursache-Wirkungs-Diagramm, ist ein Werkzeug zur Ursachenanalyse, das hilft, die verschiedenen potenziellen Ursachen eines Problems zu identifizieren und zu strukturieren. Das Diagramm ähnelt einem Fischskelett, wobei die Hauptlinie die „Wirbelsäule" darstellt und die Zweige die verschiedenen Ursachen sind, die zu einem Problem beitragen.

Beispielproblem: Erhöhter Stresslevel

Schritte zur Erstellung des Ishikawa-Diagramms:

1. **Definiere das Problem:**
   Schreibe das Problem am rechten Ende einer horizontalen Linie. In diesem Fall: „Erhöhter Stresslevel."

2. **Identifiziere Hauptkategorien:**
   Zeichne mehrere schräg abgehende Linien von der Hauptlinie, die verschiedene Kategorien von Ursachen darstellen. Gängige Kategorien sind:

   - Mensch (Personen)
   - Methode (Prozesse)
   - Maschine (Ausrüstung)
   - Material (Ressourcen)
   - Umwelt (Umgebung)
   - Messung (Zeiten)

3. **Finde mögliche Ursachen:**
   Füge für jede Kategorie die spezifischen Ursachen hinzu, die zu dem Problem beitragen können. Diese werden als kleinere Linien, die von den Hauptkategorien abzweigen, dargestellt.

Beispiel-Darstellung im Ishikawa-Diagramm:

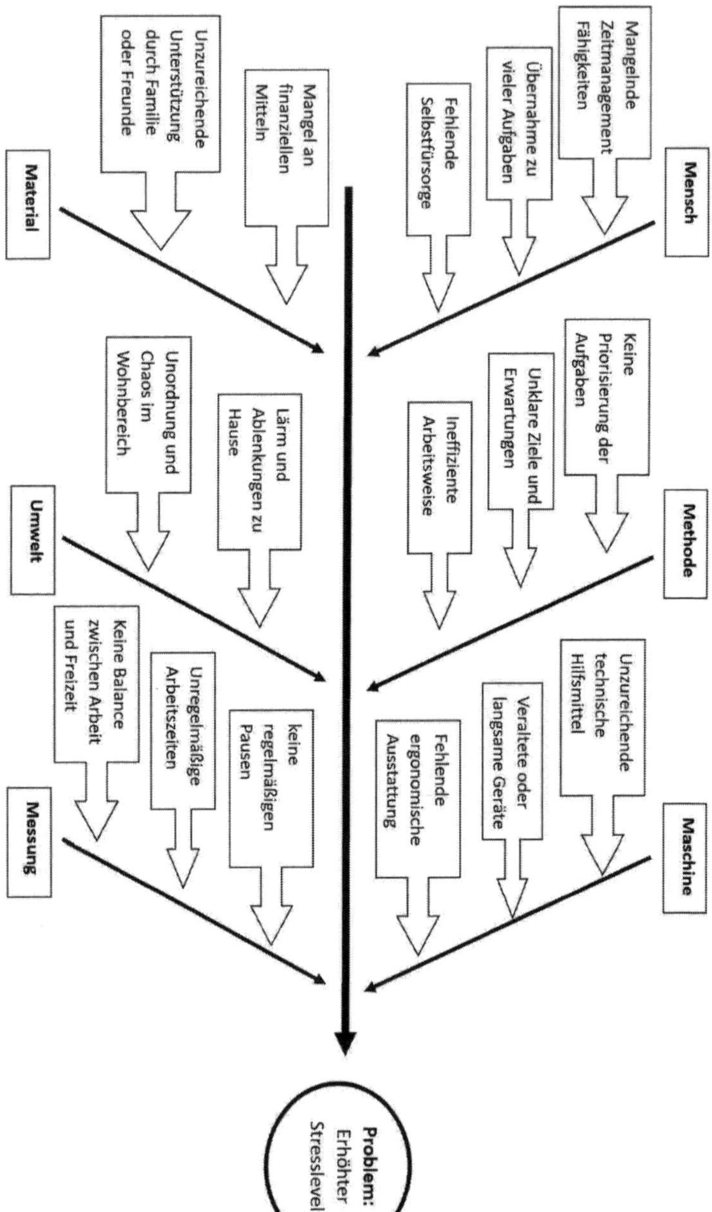

4.18.2 SCAMPER-Methode

Die SCAMPER-Methode ist eine kreative Technik, die dabei hilft, bestehende Ideen zu modifizieren und neue Lösungsansätze zu generieren. Der Name „SCAMPER" steht für verschiedene Ansätze, die angewendet werden können:

- Substitute (Ersetzen): Kann etwas in der aktuellen Lösung ersetzt werden?
- Combine (Kombinieren): Können verschiedene Elemente oder Prozesse kombiniert werden?
- Adapt (Anpassen): Kann die Idee angepasst oder verändert werden?
- Modify (Modifizieren): Kann ein Detail oder Aspekt der Idee geändert werden?
- Put to another use (Zweckentfremdung): Kann die Idee für etwas anderes verwendet werden?
- Eliminate (Eliminieren): Kann ein Element oder Prozess eliminiert werden?
- Reverse (Umkehren): Kann die Reihenfolge oder Perspektive umgekehrt werden?

Beispiel: Es fällt schwer, innere Ruhe finden

- **Substitute (Ersetzen):**
  Ersetze laute und hektische Aktivitäten durch ruhigere und entspannende Tätigkeiten wie Lesen, Yoga oder Meditationsübungen.

- **Combine (Kombinieren):**
  Kombiniere Achtsamkeitsübungen mit täglichen Routinen, wie beim Zähneputzen oder beim Spazierengehen, um mehr Achtsamkeit in deinen Alltag zu integrieren.

- **Adapt (Anpassen):**
  Passe deine Schlafroutine an, indem du früher ins Bett gehst und elektronische Geräte eine Stunde vor dem Schlafengehen ausschaltest, um eine bessere Schlafqualität zu gewährleisten.

- **Modify (Modifizieren):**
  Modifiziere deinen Tagesablauf, indem du feste Zeiten für Entspannungsübungen wie Atemtechniken oder kurze Meditationspausen einplanst.

- **Put to another use (Zweckentfremdung):**
  Nutze deinen Arbeitsweg oder Wartezeiten bewusst für kurze Entspannungsübungen oder positive Visualisierungen, um diese Zeiten produktiv zur Förderung deiner inneren Ruhe zu nutzen.

- **Eliminate (Eliminieren):**
  Eliminiere oder reduziere den Konsum von Nachrichten und sozialen Medien, um die mentale Überlastung zu verringern und deinen Geist zu beruhigen.

- **Reverse (Umkehren):**
  Anstatt den Tag mit hektischen Aufgaben zu beginnen, starte den Tag mit einer ruhigen Morgenroutine, die Meditation oder ein sanftes Dehnen beinhaltet, um den Tag entspannt zu beginnen.

Die SCAMPER-Methode fördert kreatives Denken, indem sie strukturierte Fragen stellt, die dazu ermutigen, bestehende Ideen zu hinterfragen und neue Möglichkeiten zu erkunden. Diese Technik ermöglicht es dir, innovative Lösungen zu entwickeln, die über traditionelle Ansätze hinausgehen

4.18.3 Perspektivwechsel

Der Perspektivenwechsel ist eine wertvolle Methode, um ein Problem aus verschiedenen Blickwinkeln zu betrachten und dadurch umfassendere Einsichten zu gewinnen. Indem man die Perspektive ändert, können bisher unerkannte Aspekte eines Problems beleuchtet und innovative Lösungsansätze entwickelt werden. Im Folgenden werden zwei Techniken beschrieben, die den Perspektivenwechsel unterstützen: die „Six Thinking Hats"-Methode und der Rollenwechsel.

4.18.3.1 Six Thinking Hats:

Die Methode der „Six Thinking Hats", entwickelt von Edward de Bono, hilft dabei, das Problem aus verschiedenen Denkstilen zu analysieren. Jeder Hut repräsentiert eine spezifische Denkweise:

- **Weißer Hut:**
  Konzentriert sich auf Fakten und Informationen. Welche Daten sind verfügbar und was sagen sie aus?
- **Roter Hut:**
  Erlaubt das Ausdrücken von Gefühlen und Intuitionen. Welche emotionalen Reaktionen löst das Problem aus?
- **Schwarzer Hut:**
  Betrachtet Risiken und Probleme. Welche negativen Aspekte oder Hindernisse gibt es?
- **Gelber Hut:**
  Hebt positive Perspektiven und Vorteile hervor. Welche Chancen und positiven Effekte könnten sich ergeben?
- **Grüner Hut:**
  Fördert kreatives Denken und Innovation. Welche neuen Ideen und Lösungsansätze können entwickelt werden?

- **Blauer Hut:**
  Übernimmt die Steuerung des Denkprozesses. Wie strukturieren wir das Denken und welche Schritte sind als nächstes erforderlich?

Durch das gezielte Wechseln der Hüte wird eine ganzheitliche Analyse des Problems ermöglicht, die sowohl rationale als auch emotionale und kreative Aspekte einbezieht.

Beispiel

Eine Person fühlt sich aufgrund ihrer Arbeit und persönlichen Verpflichtungen stark gestresst. Um die Ursachen des Stresses zu identifizieren und Lösungen zu finden, wird die „Six Thinking Hats"-Methode angewendet. Hier ist, wie die verschiedenen Hüte genutzt werden:

Weißer Hut: Fakten und Informationen

- Alle Fakten werden aufgelistet: Es wird 50 Stunden pro Woche gearbeitet, es gibt zwei kleine Kinder, viele soziale Verpflichtungen und keine regelmäßige Zeit für sich selbst.
- Daten zu Schlafdauer, Freizeit und der Zeit für verschiedene Aktivitäten werden gesammelt.

Roter Hut: Emotionen und Gefühle

- Gefühle werden ausgedrückt: Es besteht ständige Erschöpfung, Überforderung und manchmal Frustration.
- Es wird anerkannt, dass Stress auch Angst vor Versagen und das Gefühl der Unzulänglichkeit auslösen kann.

Schwarzer Hut: Risiken und Probleme

- Die negativen Aspekte der Situation werden betrachtet: Chronischer Stress kann zu gesundheitlichen Problemen wie Schlafstörungen, Herzkrankheiten und Depressionen führen.

- Es wird erkannt, dass der aktuelle Lebensstil nicht nachhaltig ist und die Beziehungen zu Familie und Freunden beeinträchtigt.

Gelber Hut: Positive Perspektiven und Vorteile

- Positive Aspekte und Möglichkeiten werden gesucht: Reduzierter Stress könnte die Gesundheit verbessern, die Produktivität steigern und die Beziehungen stärken.
- Es wird die Möglichkeit gesehen, durch bessere Zeitplanung und Priorisierung mehr Lebensqualität zu gewinnen.

Grüner Hut: Kreatives Denken und Innovation

- Kreative Lösungen werden brainstormt: Arbeitsstunden könnten reduziert, Aufgaben delegiert oder eine Auszeit genommen werden.
- Es wird darüber nachgedacht, regelmäßige Pausen und Freizeitaktivitäten in den Tagesablauf zu integrieren und Techniken zur Stressbewältigung wie Meditation oder Yoga auszuprobieren.

Blauer Hut: Steuerung des Denkprozesses

- Die nächsten Schritte werden geplant: Realistische Ziele zur Reduktion der Arbeitszeit und Schaffung von Zeit für sich selbst werden gesetzt.
- Ein Wochenplan wird erstellt, der feste Zeiten für Arbeit, Familie, soziale Aktivitäten und persönliche Erholung enthält.

4.18.3.2 Rollenwechsel

Beim Rollenwechsel versetzt man sich in die Lage anderer Betroffener, um neue Einsichten zu gewinnen. Diese Technik fördert Empathie und ein tieferes Verständnis für die unterschiedlichen Perspektiven der beteiligten Personen oder Interessengruppen. Hier ist ein Beispiel, wie die Rollenwechsel-Methode im privaten Leben angewendet werden kann:

Situation: Familienkonflikt wegen ungleicher Aufteilung der Hausarbeit

Eine Familie hat Konflikte wegen der ungleichen Verteilung der Hausarbeit. Um das Problem zu verstehen und Lösungen zu finden, wird die Rollenwechsel-Methode angewendet.

Verschiedene Perspektiven einnehmen:

1. **Perspektive des Ehepartners/der Ehepartnerin:**
    - Gefühle und Gedanken: Der Partner fühlt sich überlastet, da er den Großteil der Hausarbeit übernimmt und gleichzeitig berufstätig ist. Er empfindet Frustration und Erschöpfung.
    - Bedürfnisse und Wünsche: Mehr Unterstützung im Haushalt und Anerkennung für die geleistete Arbeit.
2. **Perspektive des Kindes (Teenager):**
    - Gefühle und Gedanken: Das Kind fühlt sich ungerecht behandelt, da es denkt, dass die Aufgabenverteilung nicht altersgerecht ist. Es empfindet Stress wegen Schulaufgaben und sozialem Druck.
    - Bedürfnisse und Wünsche: Weniger Verantwortung im Haushalt und mehr Zeit für Freizeit und Freunde.

3. **Perspektive des Großelternteils:**

   - Gefühle und Gedanken: Der Großelternteil ist besorgt um das Wohlbefinden der Familienmitglieder und möchte helfen, fühlt sich aber aufgrund des Alters und der eigenen Gesundheit eingeschränkt.
   - Bedürfnisse und Wünsche: Unterstützung bei der Hausarbeit, um die Belastung der jüngeren Familienmitglieder zu verringern, und gleichzeitig das Gefühl, nützlich zu sein.

Erkenntnisse und Lösungen durch Rollenwechsel:

- **Verständnis entwickeln:**
  Jeder sieht, dass die anderen Familienmitglieder auch Herausforderungen und Belastungen haben. Durch das Verständnis der unterschiedlichen Perspektiven entsteht mehr Empathie.

- **Aufgaben neu verteilen:**
  Die Familie beschließt, die Aufgaben neu zu verteilen, indem sie die Fähigkeiten und Zeitverfügbarkeiten jedes Einzelnen berücksichtigt. Der Teenager könnte zum Beispiel leichtere Aufgaben übernehmen, während der Großelternteil gelegentlich bei spezifischen Aufgaben hilft.

- **Kommunikation verbessern:**
  Die Familie vereinbart regelmäßige Gespräche, um die Aufgabenverteilung zu überprüfen und bei Bedarf anzupassen. Offene Kommunikation sorgt dafür, dass sich alle gehört und respektiert fühlen.

Durch die Anwendung der Rollenwechsel-Methode konnte die Familie ihre Konflikte besser verstehen und gemeinsam praktikable Lösungen entwickeln, die den Bedürfnissen aller gerecht werden.

4.18.4 Entscheidungstechniken

Die Fähigkeit, fundierte und durchdachte Entscheidungen zu treffen, ist eine wesentliche Kompetenz zur erfolgreichen Problemlösung. Entscheidungstechniken bieten systematische Ansätze, um komplexe Situationen zu analysieren, verschiedene Optionen abzuwägen und letztlich die bestmögliche Wahl zu treffen. Durch den Einsatz solcher Methoden wird die Entscheidungsfindung objektiver, transparenter und nachvollziehbarer, was zu besseren Ergebnissen und einer erhöhten Problemlösungskompetenz führt.

4.18.4.1 Entscheidungsmatrix

Eine Entscheidungsmatrix ist ein hilfreiches Werkzeug. Sie hilft, verschiedene Optionen systematisch zu bewerten und die beste Lösung zu finden. Dadurch werden Unsicherheiten gemindert und die Entscheidungsfindung vereinfacht.

Hier ist ein Beispiel für eine Entscheidungsmatrix für die Auswahl eines Urlaubsziels:

Schritt 1: Identifiziere die Optionen

Option 1: Strandurlaub auf den Malediven
Option 2: Städtetrip nach Rom
Option 3: Wanderurlaub in den Schweizer Alpen

Schritt 2: Definiere die Bewertungskriterien

Kriterium 1:

Kosten (1-5, wobei 1 = teuer, 5 = günstig)

Kriterium 2:

Wetter/Reisezeit (1-5, wobei 1 = ungünstig, 5 = ideal)

Kriterium 3:

Aktivitäten/Freizeitmöglichkeiten (1-5, wobei 1 = wenig, 5 = viele)

Kriterium 4:

Erholungsfaktor (1-5, wobei 1 = niedrig, 5 = hoch)

Kriterium 5:

Kulturelle Erfahrungen (1-5, wobei 1 = gering, 5 = umfangreich)

Kriterium	Malediven	Rom	Schweizer Alpen
Kosten	2	3	4
Wetter/Reisezeit	5	4	3
Aktivitäten/ Freizeitmöglichkeiten	4	5	3
Erholungsfaktor	5	3	4
Kulturelle Erfahrungen	2	5	3

Schritt 4: Berechne die Gesamtpunktzahl für jede Option

- **Summe der Punkte für Malediven:**

  2 + 5 + 4 + 5 + 2 = 18

- **Summe der Punkte für Rom:**

  3 + 4 + 5 + 3 + 5 = 20

- **Summe der Punkte für Schweizer Alpen:**

  4 + 3 + 3 + 4 + 3 = 17

Schritt 5: Interpretiere die Ergebnisse

- Malediven haben 18 Punkte, Rom hat 20 Punkte, Schweizer Alpen haben 17 Punkte.
- Basierend auf dieser Matrix wäre ein Städtetrip nach Rom die beste Wahl, da es die höchste Gesamtpunktzahl hat.

4.18.4.2 Pro- und Contra-Liste mit Gewichtung

Eine Pro- und Kontra-Liste ist eine effektive Methode, um Klarheit in den Entscheidungsprozess zu bringen. Durch das strukturierte Auflisten und Bewerten der positiven und negativen Aspekte einer Entscheidung wird der Entscheidungsprozess objektiver und übersichtlicher. Dies reduziert das Gefühl der Überwältigung und ermöglicht es, die Situation rational zu analysieren, was zu einer fundierten und weniger stressbeladenen Entscheidung führt.

Jeder Pro- und Kontra-Punkt wird auf einer Skala von 1 bis 5 bewertet, wobei 1 für wenig wichtig und 5 für sehr wichtig steht. Durch die Summierung der Punkte für beide Seiten kann eine objektive Entscheidung getroffen werden, basierend auf der Gesamtbewertung der positiven und negativen Aspekte.

Beispiel Pro- und Contra-Liste: Entscheidung, ob eine regelmäßige Meditationspraxis eingeführt werden sollte

Pro	Punkte Pro	Contra	Punkte Contra
Stressabbau: Meditation ist bekannt dafür, Stress zu reduzieren und eine innere Ruhe zu fördern.	5	Anfangsschwierigkeiten: Für Anfänger kann es schwierig sein, den Geist zur Ruhe zu bringen und Gedanken loszulassen.	3
Klarheit und Fokus: Verbesserung der Konzentration und mentalen Klarheit.	4	Zeitaufwand: Erfordert regelmäßige Praxis, um die vollen Vorteile zu erlangen, was für manche Menschen schwer zu integrieren sein kann.	4
Emotionale Ausgeglichenheit: Förderung von emotionaler Stabilität und Ausgeglichenheit.	4	Persönliche Präferenzen: Nicht jeder findet Meditation effektiv oder angenehm; manche bevorzugen andere Formen der Stressbewältigung wie Sport oder kreative Aktivitäten.	3
Gesundheitliche Vorteile: Kann helfen, den Blutdruck zu senken, das Immunsystem zu stärken und Schlafprobleme zu reduzieren.	5	Einschränkungen bei bestimmten Gesundheitszuständen: Menschen mit bestimmten psychischen Gesundheitsproblemen sollten möglicherweise vorsichtig sein oder professionelle Anleitung suchen.	3
Kostenfrei und flexibel: Kann überall und jederzeit praktiziert werden, ohne spezielle Ausrüstung oder Kosten.	3	Gefühl der Frustration: Manche Menschen können frustriert sein, wenn sie nicht sofort die gewünschten Ergebnisse in Bezug auf Stressabbau oder geistige Klarheit sehen.	3
Gesamtpunktzahl Pro	**21**	**Gesamtpunktzahl Contra**	**16**

Da die Pro-Seite mit 21 Punkten höher bewertet ist als die Kontra-Seite mit 16 Punkten, deutet die Gewichtung darauf hin, dass die Vorteile der Integration von Meditation in den Alltag überwiegen. Es wäre daher sinnvoll, Meditation auszuprobieren und in den Alltag zu integrieren.

5 SCHLUSSWORT

Herzlichen Glückwunsch, dass du es bis hierher geschafft hast! Du hast einen bedeutenden Schritt in Richtung eines harmonischeren und erfüllteren Lebens gemacht.

In diesem Buch haben wir verschiedene Aspekte von Harmonie und Wohlbefinden erkundet – von der Bedeutung der Harmonie und inspirierenden Zitaten über Atemübungen und Entspannungstechniken bis hin zur emotionalen Resilienz und dem Umgang mit Unsicherheiten. Jedes Kapitel bietet wertvolle Einsichten und praktische Methoden, die dein Leben bereichern können.

Die Kapitel zur Selbstreflexion und Problemlösungskompetenz zeigen dir, wie du durch tägliches Journaling, wöchentliche Rückblicke und analytische Techniken wie die 5-Why-Methode und das Ishikawa-Diagramm deine Gedanken und Entscheidungen strukturieren kannst. Dies stärkt deine Fähigkeit, Herausforderungen effektiv zu meistern.

Das Kapitel über Zeitmanagement und Prioritäten setzen bietet dir Werkzeuge, um deine Zeit effizient zu nutzen und deine Ziele klar zu definieren. Die Tipps zur gesunden Lebensführung, digitalen Balance und der Magie neuer Hobbys zeigen dir, wie du ein ausgewogenes und erfülltes Leben führen kannst.

Indem du Achtsamkeit entwickelst, den Moment genießt, dich auf deine Aufgaben konzentrierst und negative Gedankenspiralen unterbrichst, kannst du eine tiefere Verbindung zu dir selbst und deiner Umgebung herstellen. Die Natur und Dankbarkeit als Quelle der Gegenwart zu nutzen, fördert dein Wohlbefinden und hilft dir, in stressigen Zeiten Ruhe zu finden.

Ich hoffe, dieses Buch bietet dir nicht nur praktische Werkzeuge, sondern auch Inspiration und Motivation, um ein harmonisches und erfülltes Leben zu führen. Möge es dir helfen, deine Ziele zu erreichen und ein tiefes Gefühl von Frieden und Zufriedenheit zu finden.

Danke, dass du diese Reise mit mir unternommen hast. Ich wünsche dir viel Erfolg und Freude auf deinem Weg zu mehr Harmonie und Wohlbefinden.

Die folgenden Zusatzinhalte bieten praktische Werkzeuge und Vorlagen, die du anwenden kannst, um deine Reise zu mehr Harmonie und Wohlbefinden weiter zu unterstützen.

6 ZUSATZINHALTE

6.1 Das Lebensrad: Ein Werkzeug für ein ausgewogenes Leben

Das Lebensrad ist ein nützliches Werkzeug für die Selbstreflexion und das Setzen von Zielen. Es hilft dabei, die Balance im Leben zu erkennen und zu verstehen, welche Bereiche Aufmerksamkeit und Verbesserung benötigen. Durch die Visualisierung der verschiedenen Lebensbereiche wird deutlich, in welchen Segmenten man zufrieden ist und wo möglicherweise Ungleichgewichte bestehen. Dies fördert ein bewussteres Leben und ermöglicht es, gezielte Maßnahmen zu ergreifen, um die eigene Lebensqualität zu steigern.

Wie wird das Lebensrad angewendet?

1. **Bewertung der Lebensbereiche:**
   Zuerst wird jeder Lebensbereich auf einer Skala von 1 bis 10 bewertet, wobei 1 für sehr unzufrieden und 10 für sehr zufrieden steht. Diese Bewertungen sollten spontan und ehrlich erfolgen.

2. **Visualisierung:**
   Die Bewertungen werden im entsprechenden Segment des Kreises markiert und durch Linien miteinander verbunden. Dies ergibt ein Muster, das auf einen Blick zeigt, wie ausgewogen das Leben aktuell ist.

3. **Analyse:**
   Das entstandene Muster wird analysiert. Bereiche mit niedrigen Bewertungen werden identifiziert, ebenso wie jene, die bereits eine hohe Zufriedenheit aufweisen. Diese Analyse hilft dabei zu erkennen, wo Veränderungen oder Verbesserungen notwendig sind.

4. **Handlungsplanung:**
   Basierend auf der Analyse können konkrete Ziele und Maßnahmen formuliert werden. Es kann hilfreich sein, für jeden Bereich

spezifische und erreichbare Ziele zu setzen, um eine bessere Balance zu erreichen. Beispielsweise könnte jemand, der seine Gesundheit als 4 bewertet hat, beschließen, regelmäßig Sport zu treiben und auf eine ausgewogenere Ernährung zu achten.

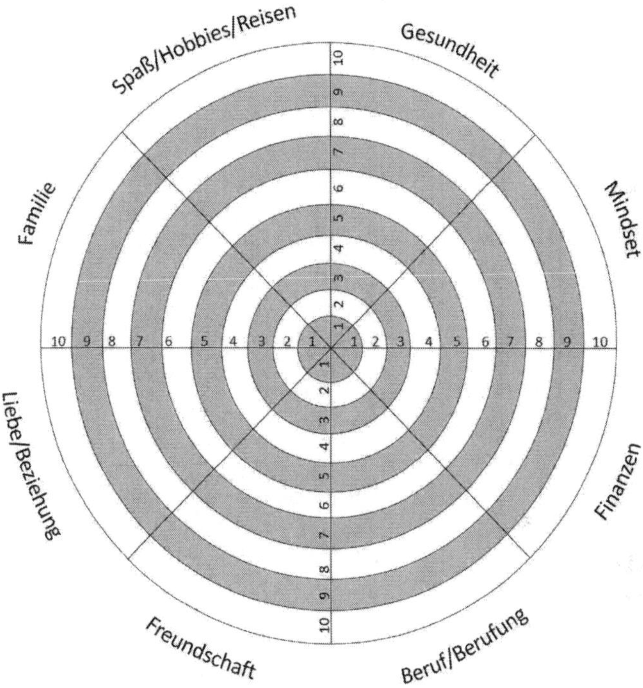

Nachdem du die Kreuze in den jeweiligen Lebensbereichen gesetzt und miteinander verbunden hast, beantworte bitte die folgenden Fragen. So kannst du besser reflektieren und dir Gedanken darüber machen, wie du bestimmte Bereiche verbessern kannst. Durch die Verbesserung dieser Bereiche kannst du eine höhere Lebensqualität und ein besseres Wohlbefinden erreichen.

Was sind meine höchsten und niedrigsten Bewertungen, und warum?

Welche Bereiche meines Lebens möchte ich am meisten verbessern?

Was kann ich tun, um in den niedrig bewerteten Bereichen Fortschritte zu machen?

Welche konkreten Ziele kann ich mir für jeden Bereich setzen?

Welche Ressourcen oder Unterstützung benötige ich, um meine Ziele zu erreichen?

Wie viel Zeit und Energie bin ich bereit, in die Verbesserung dieser Bereiche zu investieren?

Wie beeinflussen sich die verschiedenen Lebensbereiche gegenseitig?

Welche kleinen Schritte kann ich sofort unternehmen, um Verbesserungen zu erzielen?

Was hat bisher gut funktioniert und wie kann ich daran anknüpfen?

Wie werde ich meine Fortschritte messen und sicherstellen, dass ich auf dem richtigen Weg bleibe?

6.2 Reflexionstagebuch

Ein Reflexionstagebuch ist ein persönliches Werkzeug zur Selbstreflexion und zur Aufzeichnung von Gedanken, Erfahrungen und Emotionen. Es wird oft verwendet, um die eigene Entwicklung, Lernprozesse oder auch berufliche Erfahrungen zu dokumentieren und zu analysieren. Typischerweise schreibt man regelmäßig Einträge, um sich bewusst mit Erlebnissen auseinanderzusetzen und persönliche Einsichten zu gewinnen.

Ein solches Tagebuch kann vielfältige Zwecke erfüllen. Zum einen dient es der Selbstklärung und Selbstentwicklung, indem es einem ermöglicht, eigene Gedanken und Gefühle zu sortieren. Es fördert die Selbstwahrnehmung und -reflexion, indem man Muster im eigenen Verhalten oder Denken erkennt. Dadurch wird es einfacher, persönliche Stärken zu identifizieren und Schwächen zu überwinden.

Zum anderen unterstützt ein Reflexionstagebuch auch den Lernprozess. Durch das Festhalten von Erfahrungen kann man reflektieren, was gut gelaufen ist und was verbessert werden kann. Dies fördert nicht nur das Verständnis für das Gelernte, sondern auch die Entwicklung von Strategien zur persönlichen und beruflichen Weiterentwicklung.

Darüber hinaus kann ein solches Tagebuch als Instrument dienen, um langfristige Ziele zu verfolgen und den Fortschritt auf dem Weg zu diesen Zielen zu überwachen. Es ermöglicht eine kontinuierliche Bewertung der eigenen Entwicklung und trägt so zu einem bewussteren und zielgerichteteren Leben bei. Insgesamt ist ein Reflexionstagebuch ein wertvolles Werkzeug zur persönlichen und beruflichen Weiterentwicklung sowie zur Förderung der Selbstreflexion und Selbstkenntnis.

6.2.1 Tägliche Reflexionen

Datum: ___________

TÄGLICHE REFLEXION

Wie habe ich mich heute gefühlt?

1 = sehr schlecht, 10 = sehr gut

1	2	3	4	5	6	7	8	9	10

Worauf möchte ich mich morgen fokussieren?

____

____

____

Welches Wort fasst meinen heutigen Tag am besten zusammen?

____

____

____

Welche Veränderungen kann ich morgen vornehmen, um meinen Tag zu verbessern?

____

____

____

Welche Erfolge konnte ich heute erreichen, worauf ich stolz bin?

Welche positive Gewohnheit möchte ich morgen weiterhin beibehalten?

Welche drei Ereignisse oder Erlebnisse haben mir heute Freude bereitet?

Habe ich mir heute genug Zeit für mich selbst genommen? Wenn nicht, wie kann ich das morgen ändern?

Datum: __________

TÄGLICHE REFLEXION

Wie habe ich mich heute gefühlt?

1 = sehr schlecht, 10 = sehr gut

1	2	3	4	5	6	7	8	9	10

Worauf möchte ich mich morgen fokussieren?

____

____

____

Welches Wort fasst meinen heutigen Tag am besten zusammen?

____

____

____

Welche Veränderungen kann ich morgen vornehmen, um meinen Tag zu verbessern?

____

____

____

Welche Erfolge konnte ich heute erreichen, worauf ich stolz bin?

Welche positive Gewohnheit möchte ich morgen weiterhin beibehalten?

Welche drei Ereignisse oder Erlebnisse haben mir heute Freude bereitet?

Habe ich mir heute genug Zeit für mich selbst genommen? Wenn nicht, wie kann ich das morgen ändern?

Datum: ______

TÄGLICHE REFLEXION

Wie habe ich mich heute gefühlt?

1 = sehr schlecht, 10 = sehr gut

1	2	3	4	5	6	7	8	9	10

Worauf möchte ich mich morgen fokussieren?

______

______

______

Welches Wort fasst meinen heutigen Tag am besten zusammen?

______

______

______

Welche Veränderungen kann ich morgen vornehmen, um meinen Tag zu verbessern?

______

______

______

Welche Erfolge konnte ich heute erreichen, worauf ich stolz bin?

Welche positive Gewohnheit möchte ich morgen weiterhin beibehalten?

Welche drei Ereignisse oder Erlebnisse haben mir heute Freude bereitet?

Habe ich mir heute genug Zeit für mich selbst genommen? Wenn nicht, wie kann ich das morgen ändern?

Datum: ___________

TÄGLICHE REFLEXION

Wie habe ich mich heute gefühlt?

1 = sehr schlecht, 10 = sehr gut

1	*2*	*3*	*4*	*5*	*6*	*7*	*8*	*9*	*10*

Worauf möchte ich mich morgen fokussieren?

____

____

____

Welches Wort fasst meinen heutigen Tag am besten zusammen?

____

____

____

Welche Veränderungen kann ich morgen vornehmen, um meinen Tag zu verbessern?

____

____

____

Welche Erfolge konnte ich heute erreichen, worauf ich stolz bin?

Welche positive Gewohnheit möchte ich morgen weiterhin beibehalten?

Welche drei Ereignisse oder Erlebnisse haben mir heute Freude bereitet?

Habe ich mir heute genug Zeit für mich selbst genommen? Wenn nicht, wie kann ich das morgen ändern?

Datum: __________

TÄGLICHE REFLEXION

Wie habe ich mich heute gefühlt?

1 = sehr schlecht, 10 = sehr gut

1	2	3	4	5	6	7	8	9	10

Worauf möchte ich mich morgen fokussieren?

____

____

____

Welches Wort fasst meinen heutigen Tag am besten zusammen?

____

____

____

Welche Veränderungen kann ich morgen vornehmen, um meinen Tag zu verbessern?

____

____

____

Welche Erfolge konnte ich heute erreichen, worauf ich stolz bin?

Welche positive Gewohnheit möchte ich morgen weiterhin beibehalten?

Welche drei Ereignisse oder Erlebnisse haben mir heute Freude bereitet?

Habe ich mir heute genug Zeit für mich selbst genommen? Wenn nicht, wie kann ich das morgen ändern?

Datum: ___________

TÄGLICHE REFLEXION

Wie habe ich mich heute gefühlt?

1 = sehr schlecht, 10 = sehr gut

1	2	3	4	5	6	7	8	9	10

Worauf möchte ich mich morgen fokussieren?

____

____

____

Welches Wort fasst meinen heutigen Tag am besten zusammen?

____

____

____

Welche Veränderungen kann ich morgen vornehmen, um meinen Tag zu verbessern?

____

____

____

Welche Erfolge konnte ich heute erreichen, worauf ich stolz bin?

Welche positive Gewohnheit möchte ich morgen weiterhin beibehalten?

Welche drei Ereignisse oder Erlebnisse haben mir heute Freude bereitet?

Habe ich mir heute genug Zeit für mich selbst genommen? Wenn nicht, wie kann ich das morgen ändern?

Datum: ________

TÄGLICHE REFLEXION

Wie habe ich mich heute gefühlt?

1 = sehr schlecht, 10 = sehr gut

1	2	3	4	5	6	7	8	9	10

Worauf möchte ich mich morgen fokussieren?

____

____

____

Welches Wort fasst meinen heutigen Tag am besten zusammen?

____

____

____

Welche Veränderungen kann ich morgen vornehmen, um meinen Tag zu verbessern?

____

____

____

Welche Erfolge konnte ich heute erreichen, worauf ich stolz bin?

Welche positive Gewohnheit möchte ich morgen weiterhin beibehalten?

Welche drei Ereignisse oder Erlebnisse haben mir heute Freude bereitet?

Habe ich mir heute genug Zeit für mich selbst genommen? Wenn nicht, wie kann ich das morgen ändern?

Datum: ___________

TÄGLICHE REFLEXION

Wie habe ich mich heute gefühlt?

1 = sehr schlecht, 10 = sehr gut

1	2	3	4	5	6	7	8	9	10

Worauf möchte ich mich morgen fokussieren?

____

____

____

Welches Wort fasst meinen heutigen Tag am besten zusammen?

____

____

____

Welche Veränderungen kann ich morgen vornehmen, um meinen Tag zu verbessern?

____

____

____

Welche Erfolge konnte ich heute erreichen, worauf ich stolz bin?

Welche positive Gewohnheit möchte ich morgen weiterhin beibehalten?

Welche drei Ereignisse oder Erlebnisse haben mir heute Freude bereitet?

Habe ich mir heute genug Zeit für mich selbst genommen? Wenn nicht, wie kann ich das morgen ändern?

Datum: ________

TÄGLICHE REFLEXION

Wie habe ich mich heute gefühlt?

1 = sehr schlecht, 10 = sehr gut

1	2	3	4	5	6	7	8	9	10

Worauf möchte ich mich morgen fokussieren?

____

____

____

Welches Wort fasst meinen heutigen Tag am besten zusammen?

____

____

____

Welche Veränderungen kann ich morgen vornehmen, um meinen Tag zu verbessern?

____

____

____

Welche Erfolge konnte ich heute erreichen, worauf ich stolz bin?

Welche positive Gewohnheit möchte ich morgen weiterhin beibehalten?

Welche drei Ereignisse oder Erlebnisse haben mir heute Freude bereitet?

Habe ich mir heute genug Zeit für mich selbst genommen? Wenn nicht, wie kann ich das morgen ändern?

Datum: ____________

TÄGLICHE REFLEXION

Wie habe ich mich heute gefühlt?

1 = sehr schlecht, 10 = sehr gut

1	2	3	4	5	6	7	8	9	10

Worauf möchte ich mich morgen fokussieren?

____

____

____

Welches Wort fasst meinen heutigen Tag am besten zusammen?

____

____

____

Welche Veränderungen kann ich morgen vornehmen, um meinen Tag zu verbessern?

____

____

____

Welche Erfolge konnte ich heute erreichen, worauf ich stolz bin?

Welche positive Gewohnheit möchte ich morgen weiterhin beibehalten?

Welche drei Ereignisse oder Erlebnisse haben mir heute Freude bereitet?

Habe ich mir heute genug Zeit für mich selbst genommen? Wenn nicht, wie kann ich das morgen ändern?

Datum: ___________

TÄGLICHE REFLEXION

Wie habe ich mich heute gefühlt?

1 = sehr schlecht, 10 = sehr gut

1	2	3	4	5	6	7	8	9	10

Worauf möchte ich mich morgen fokussieren?

____

____

____

Welches Wort fasst meinen heutigen Tag am besten zusammen?

____

____

____

Welche Veränderungen kann ich morgen vornehmen, um meinen Tag zu verbessern?

____

____

____

Welche Erfolge konnte ich heute erreichen, worauf ich stolz bin?

Welche positive Gewohnheit möchte ich morgen weiterhin beibehalten?

Welche drei Ereignisse oder Erlebnisse haben mir heute Freude bereitet?

Habe ich mir heute genug Zeit für mich selbst genommen? Wenn nicht, wie kann ich das morgen ändern?

Datum: ___________

TÄGLICHE REFLEXION

Wie habe ich mich heute gefühlt?

1 = sehr schlecht, 10 = sehr gut

1	2	3	4	5	6	7	8	9	10

Worauf möchte ich mich morgen fokussieren?

____

____

____

Welches Wort fasst meinen heutigen Tag am besten zusammen?

____

____

____

Welche Veränderungen kann ich morgen vornehmen, um meinen Tag zu verbessern?

____

____

____

Welche Erfolge konnte ich heute erreichen, worauf ich stolz bin?

Welche positive Gewohnheit möchte ich morgen weiterhin beibehalten?

Welche drei Ereignisse oder Erlebnisse haben mir heute Freude bereitet?

Habe ich mir heute genug Zeit für mich selbst genommen? Wenn nicht, wie kann ich das morgen ändern?

Datum: ____________

TÄGLICHE REFLEXION

Wie habe ich mich heute gefühlt?

1 = sehr schlecht, 10 = sehr gut

1	2	3	4	5	6	7	8	9	10

Worauf möchte ich mich morgen fokussieren?

____

____

____

Welches Wort fasst meinen heutigen Tag am besten zusammen?

____

____

____

Welche Veränderungen kann ich morgen vornehmen, um meinen Tag zu verbessern?

____

____

____

Welche Erfolge konnte ich heute erreichen, worauf ich stolz bin?

Welche positive Gewohnheit möchte ich morgen weiterhin beibehalten?

Welche drei Ereignisse oder Erlebnisse haben mir heute Freude bereitet?

Habe ich mir heute genug Zeit für mich selbst genommen? Wenn nicht, wie kann ich das morgen ändern?

Datum: ________

TÄGLICHE REFLEXION

Wie habe ich mich heute gefühlt?

1 = sehr schlecht, 10 = sehr gut

1	2	3	4	5	6	7	8	9	10

Worauf möchte ich mich morgen fokussieren?

____

____

____

Welches Wort fasst meinen heutigen Tag am besten zusammen?

____

____

____

Welche Veränderungen kann ich morgen vornehmen, um meinen Tag zu verbessern?

____

____

____

Welche Erfolge konnte ich heute erreichen, worauf ich stolz bin?

Welche positive Gewohnheit möchte ich morgen weiterhin beibehalten?

Welche drei Ereignisse oder Erlebnisse haben mir heute Freude bereitet?

Habe ich mir heute genug Zeit für mich selbst genommen? Wenn nicht, wie kann ich das morgen ändern?

Datum: ____________

TÄGLICHE REFLEXION

Wie habe ich mich heute gefühlt?

1 = sehr schlecht, 10 = sehr gut

1	2	3	4	5	6	7	8	9	10

Worauf möchte ich mich morgen fokussieren?

____

____

____

Welches Wort fasst meinen heutigen Tag am besten zusammen?

____

____

____

Welche Veränderungen kann ich morgen vornehmen, um meinen Tag zu verbessern?

____

____

____

Welche Erfolge konnte ich heute erreichen, worauf ich stolz bin?

Welche positive Gewohnheit möchte ich morgen weiterhin beibehalten?

Welche drei Ereignisse oder Erlebnisse haben mir heute Freude bereitet?

Habe ich mir heute genug Zeit für mich selbst genommen? Wenn nicht, wie kann ich das morgen ändern?

Datum: ________

TÄGLICHE REFLEXION

Wie habe ich mich heute gefühlt?

1 = sehr schlecht, 10 = sehr gut

1	2	3	4	5	6	7	8	9	10

Worauf möchte ich mich morgen fokussieren?

____

____

____

Welches Wort fasst meinen heutigen Tag am besten zusammen?

____

____

____

Welche Veränderungen kann ich morgen vornehmen, um meinen Tag zu verbessern?

____

____

____

Welche Erfolge konnte ich heute erreichen, worauf ich stolz bin?

Welche positive Gewohnheit möchte ich morgen weiterhin beibehalten?

Welche drei Ereignisse oder Erlebnisse haben mir heute Freude bereitet?

Habe ich mir heute genug Zeit für mich selbst genommen? Wenn nicht, wie kann ich das morgen ändern?

Datum: ___________

TÄGLICHE REFLEXION

Wie habe ich mich heute gefühlt?

1 = sehr schlecht, 10 = sehr gut

1	2	3	4	5	6	7	8	9	10

Worauf möchte ich mich morgen fokussieren?

____

____

____

Welches Wort fasst meinen heutigen Tag am besten zusammen?

____

____

____

Welche Veränderungen kann ich morgen vornehmen, um meinen Tag zu verbessern?

____

____

____

Welche Erfolge konnte ich heute erreichen, worauf ich stolz bin?

Welche positive Gewohnheit möchte ich morgen weiterhin beibehalten?

Welche drei Ereignisse oder Erlebnisse haben mir heute Freude bereitet?

Habe ich mir heute genug Zeit für mich selbst genommen? Wenn nicht, wie kann ich das morgen ändern?

Datum: ________

TÄGLICHE REFLEXION

Wie habe ich mich heute gefühlt?

1 = sehr schlecht, 10 = sehr gut

1	2	3	4	5	6	7	8	9	10

Worauf möchte ich mich morgen fokussieren?

____

____

____

Welches Wort fasst meinen heutigen Tag am besten zusammen?

____

____

____

Welche Veränderungen kann ich morgen vornehmen, um meinen Tag zu verbessern?

____

____

____

Welche Erfolge konnte ich heute erreichen, worauf ich stolz bin?

Welche positive Gewohnheit möchte ich morgen weiterhin beibehalten?

Welche drei Ereignisse oder Erlebnisse haben mir heute Freude bereitet?

Habe ich mir heute genug Zeit für mich selbst genommen? Wenn nicht, wie kann ich das morgen ändern?

Datum: ____________

TÄGLICHE REFLEXION

Wie habe ich mich heute gefühlt?

1 = sehr schlecht, 10 = sehr gut

1	2	3	4	5	6	7	8	9	10

Worauf möchte ich mich morgen fokussieren?

____

____

____

Welches Wort fasst meinen heutigen Tag am besten zusammen?

____

____

____

Welche Veränderungen kann ich morgen vornehmen, um meinen Tag zu verbessern?

____

____

____

Welche Erfolge konnte ich heute erreichen, worauf ich stolz bin?

Welche positive Gewohnheit möchte ich morgen weiterhin beibehalten?

Welche drei Ereignisse oder Erlebnisse haben mir heute Freude bereitet?

Habe ich mir heute genug Zeit für mich selbst genommen? Wenn nicht, wie kann ich das morgen ändern?

Datum: ____________

TÄGLICHE REFLEXION

Wie habe ich mich heute gefühlt?

1 = sehr schlecht, 10 = sehr gut

1	2	3	4	5	6	7	8	9	10

Worauf möchte ich mich morgen fokussieren?

____

____

____

Welches Wort fasst meinen heutigen Tag am besten zusammen?

____

____

____

Welche Veränderungen kann ich morgen vornehmen, um meinen Tag zu verbessern?

____

____

____

Welche Erfolge konnte ich heute erreichen, worauf ich stolz bin?

Welche positive Gewohnheit möchte ich morgen weiterhin beibehalten?

Welche drei Ereignisse oder Erlebnisse haben mir heute Freude bereitet?

Habe ich mir heute genug Zeit für mich selbst genommen? Wenn nicht, wie kann ich das morgen ändern?

Datum: ____________

TÄGLICHE REFLEXION

Wie habe ich mich heute gefühlt?

1 = sehr schlecht, 10 = sehr gut

1	2	3	4	5	6	7	8	9	10

Worauf möchte ich mich morgen fokussieren?

____

____

____

Welches Wort fasst meinen heutigen Tag am besten zusammen?

____

____

____

Welche Veränderungen kann ich morgen vornehmen, um meinen Tag zu verbessern?

____

____

____

Welche Erfolge konnte ich heute erreichen, worauf ich stolz bin?

Welche positive Gewohnheit möchte ich morgen weiterhin beibehalten?

Welche drei Ereignisse oder Erlebnisse haben mir heute Freude bereitet?

Habe ich mir heute genug Zeit für mich selbst genommen? Wenn nicht, wie kann ich das morgen ändern?

Datum: ____________

TÄGLICHE REFLEXION

Wie habe ich mich heute gefühlt?

1 = sehr schlecht, 10 = sehr gut

1	2	3	4	5	6	7	8	9	10

Worauf möchte ich mich morgen fokussieren?

____

____

____

Welches Wort fasst meinen heutigen Tag am besten zusammen?

____

____

____

Welche Veränderungen kann ich morgen vornehmen, um meinen Tag zu verbessern?

____

____

____

Welche Erfolge konnte ich heute erreichen, worauf ich stolz bin?

Welche positive Gewohnheit möchte ich morgen weiterhin beibehalten?

Welche drei Ereignisse oder Erlebnisse haben mir heute Freude bereitet?

Habe ich mir heute genug Zeit für mich selbst genommen? Wenn nicht, wie kann ich das morgen ändern?

Datum: ____________

TÄGLICHE REFLEXION

Wie habe ich mich heute gefühlt?

1 = sehr schlecht, 10 = sehr gut

1	2	3	4	5	6	7	8	9	10

Worauf möchte ich mich morgen fokussieren?

____

____

____

Welches Wort fasst meinen heutigen Tag am besten zusammen?

____

____

____

Welche Veränderungen kann ich morgen vornehmen, um meinen Tag zu verbessern?

____

____

____

Welche Erfolge konnte ich heute erreichen, worauf ich stolz bin?

Welche positive Gewohnheit möchte ich morgen weiterhin beibehalten?

Welche drei Ereignisse oder Erlebnisse haben mir heute Freude bereitet?

Habe ich mir heute genug Zeit für mich selbst genommen? Wenn nicht, wie kann ich das morgen ändern?

Datum: ____________

TÄGLICHE REFLEXION

Wie habe ich mich heute gefühlt?

1 = sehr schlecht, 10 = sehr gut

1	2	3	4	5	6	7	8	9	10

Worauf möchte ich mich morgen fokussieren?

____

____

____

Welches Wort fasst meinen heutigen Tag am besten zusammen?

____

____

____

Welche Veränderungen kann ich morgen vornehmen, um meinen Tag zu verbessern?

____

____

____

Welche Erfolge konnte ich heute erreichen, worauf ich stolz bin?

Welche positive Gewohnheit möchte ich morgen weiterhin beibehalten?

Welche drei Ereignisse oder Erlebnisse haben mir heute Freude bereitet?

Habe ich mir heute genug Zeit für mich selbst genommen? Wenn nicht, wie kann ich das morgen ändern?

Datum: __________

TÄGLICHE REFLEXION

Wie habe ich mich heute gefühlt?

1 = sehr schlecht, 10 = sehr gut

1	2	3	4	5	6	7	8	9	10

Worauf möchte ich mich morgen fokussieren?

____

____

____

Welches Wort fasst meinen heutigen Tag am besten zusammen?

____

____

____

Welche Veränderungen kann ich morgen vornehmen, um meinen Tag zu verbessern?

____

____

____

Welche Erfolge konnte ich heute erreichen, worauf ich stolz bin?

Welche positive Gewohnheit möchte ich morgen weiterhin beibehalten?

Welche drei Ereignisse oder Erlebnisse haben mir heute Freude bereitet?

Habe ich mir heute genug Zeit für mich selbst genommen? Wenn nicht, wie kann ich das morgen ändern?

Datum: ____________

TÄGLICHE REFLEXION

Wie habe ich mich heute gefühlt?

1 = sehr schlecht, 10 = sehr gut

1	2	3	4	5	6	7	8	9	10

Worauf möchte ich mich morgen fokussieren?

____

____

____

Welches Wort fasst meinen heutigen Tag am besten zusammen?

____

____

____

Welche Veränderungen kann ich morgen vornehmen, um meinen Tag zu verbessern?

____

____

____

Welche Erfolge konnte ich heute erreichen, worauf ich stolz bin?

Welche positive Gewohnheit möchte ich morgen weiterhin beibehalten?

Welche drei Ereignisse oder Erlebnisse haben mir heute Freude bereitet?

Habe ich mir heute genug Zeit für mich selbst genommen? Wenn nicht, wie kann ich das morgen ändern?

Datum: ____________

TÄGLICHE REFLEXION

Wie habe ich mich heute gefühlt?

1 = sehr schlecht, 10 = sehr gut

1	2	3	4	5	6	7	8	9	10

Worauf möchte ich mich morgen fokussieren?

____

____

____

Welches Wort fasst meinen heutigen Tag am besten zusammen?

____

____

____

Welche Veränderungen kann ich morgen vornehmen, um meinen Tag zu verbessern?

____

____

____

Welche Erfolge konnte ich heute erreichen, worauf ich stolz bin?

Welche positive Gewohnheit möchte ich morgen weiterhin beibehalten?

Welche drei Ereignisse oder Erlebnisse haben mir heute Freude bereitet?

Habe ich mir heute genug Zeit für mich selbst genommen? Wenn nicht, wie kann ich das morgen ändern?

Datum: ___________

TÄGLICHE REFLEXION

Wie habe ich mich heute gefühlt?

1 = sehr schlecht, 10 = sehr gut

1	2	3	4	5	6	7	8	9	10

Worauf möchte ich mich morgen fokussieren?

____

____

____

Welches Wort fasst meinen heutigen Tag am besten zusammen?

____

____

____

Welche Veränderungen kann ich morgen vornehmen, um meinen Tag zu verbessern?

____

____

____

Welche Erfolge konnte ich heute erreichen, worauf ich stolz bin?

Welche positive Gewohnheit möchte ich morgen weiterhin beibehalten?

Welche drei Ereignisse oder Erlebnisse haben mir heute Freude bereitet?

Habe ich mir heute genug Zeit für mich selbst genommen? Wenn nicht, wie kann ich das morgen ändern?

Datum: ____________

TÄGLICHE REFLEXION

Wie habe ich mich heute gefühlt?

1 = sehr schlecht, 10 = sehr gut

1	2	3	4	5	6	7	8	9	10

Worauf möchte ich mich morgen fokussieren?

____

____

____

Welches Wort fasst meinen heutigen Tag am besten zusammen?

____

____

____

Welche Veränderungen kann ich morgen vornehmen, um meinen Tag zu verbessern?

____

____

____

Welche Erfolge konnte ich heute erreichen, worauf ich stolz bin?

Welche positive Gewohnheit möchte ich morgen weiterhin beibehalten?

Welche drei Ereignisse oder Erlebnisse haben mir heute Freude bereitet?

Habe ich mir heute genug Zeit für mich selbst genommen? Wenn nicht, wie kann ich das morgen ändern?

Datum: ____________

TÄGLICHE REFLEXION

Wie habe ich mich heute gefühlt?

1 = sehr schlecht, 10 = sehr gut

1	2	3	4	5	6	7	8	9	10

Worauf möchte ich mich morgen fokussieren?

____

____

____

Welches Wort fasst meinen heutigen Tag am besten zusammen?

____

____

____

Welche Veränderungen kann ich morgen vornehmen, um meinen Tag zu verbessern?

____

____

____

Welche Erfolge konnte ich heute erreichen, worauf ich stolz bin?

Welche positive Gewohnheit möchte ich morgen weiterhin beibehalten?

Welche drei Ereignisse oder Erlebnisse haben mir heute Freude bereitet?

Habe ich mir heute genug Zeit für mich selbst genommen? Wenn nicht, wie kann ich das morgen ändern?

Datum: ________

TÄGLICHE REFLEXION

Wie habe ich mich heute gefühlt?

1 = sehr schlecht, 10 = sehr gut

1	2	3	4	5	6	7	8	9	10

Worauf möchte ich mich morgen fokussieren?

____

____

____

Welches Wort fasst meinen heutigen Tag am besten zusammen?

____

____

____

Welche Veränderungen kann ich morgen vornehmen, um meinen Tag zu verbessern?

____

____

____

Welche Erfolge konnte ich heute erreichen, worauf ich stolz bin?

Welche positive Gewohnheit möchte ich morgen weiterhin beibehalten?

Welche drei Ereignisse oder Erlebnisse haben mir heute Freude bereitet?

Habe ich mir heute genug Zeit für mich selbst genommen? Wenn nicht, wie kann ich das morgen ändern?

6.2.2 Wöchentliche Reflexionen

Datum: ________

WÖCHENTLICHE REFLEXION

Wie würde ich meine Woche rückblickend bewerten? gefühlt?

1 = sehr schlecht, 10 = sehr gut

1	2	3	4	5	6	7	8	9	10

Was habe ich diese Woche geschafft?

____

____

____

Was möchte ich nächste Woche häufiger tun?

____

____

____

Was möchte ich nächste Woche seltener tun?

____

____

____

Was waren meine drei wichtigsten Erlebnisse dieser Woche

____

____

____

Was kann ich nächste Woche verbessern?

Wie bin ich mit stressigen Situationen umgegangen?

Auf welche drei Dinge freue ich mich in der kommenden Woche am meisten?

Datum: ____________

WÖCHENTLICHE REFLEXION

Wie würde ich meine Woche rückblickend bewerten? gefühlt?

1 = sehr schlecht, 10 = sehr gut

1	2	3	4	5	6	7	8	9	10

Was habe ich diese Woche geschafft?

____

____

____

Was möchte ich nächste Woche häufiger tun?

____

____

____

Was möchte ich nächste Woche seltener tun?

____

____

____

Was waren meine drei wichtigsten Erlebnisse dieser Woche

____

____

____

Was kann ich nächste Woche verbessern?

Wie bin ich mit stressigen Situationen umgegangen?

Auf welche drei Dinge freue ich mich in der kommenden Woche am meisten?

Datum: ___________

WÖCHENTLICHE REFLEXION

Wie würde ich meine Woche rückblickend bewerten? gefühlt?

1 = sehr schlecht, 10 = sehr gut

1	2	3	4	5	6	7	8	9	10

Was habe ich diese Woche geschafft?

____

____

____

Was möchte ich nächste Woche häufiger tun?

____

____

____

Was möchte ich nächste Woche seltener tun?

____

____

____

Was waren meine drei wichtigsten Erlebnisse dieser Woche

____

____

____

Was kann ich nächste Woche verbessern?

Wie bin ich mit stressigen Situationen umgegangen?

Auf welche drei Dinge freue ich mich in der kommenden Woche am meisten?

Datum: ___________

WÖCHENTLICHE REFLEXION

Wie würde ich meine Woche rückblickend bewerten? gefühlt?

1 = sehr schlecht, 10 = sehr gut

1	2	3	4	5	6	7	8	9	10

Was habe ich diese Woche geschafft?

____

____

____

Was möchte ich nächste Woche häufiger tun?

____

____

____

Was möchte ich nächste Woche seltener tun?

____

____

____

Was waren meine drei wichtigsten Erlebnisse dieser Woche

____

____

____

Was kann ich nächste Woche verbessern?

Wie bin ich mit stressigen Situationen umgegangen?

Auf welche drei Dinge freue ich mich in der kommenden Woche am meisten?

6.2.3 Monatliche Reflexionen

Jahr: ___________

Jan	Feb	Mär	Apr	Mai	Jun
Jul	Aug	Sep	Okt	Nov	Dez

MONATLICHE REFLEXION

Wie würde ich diesen Monat rückblickend bewerten rückblickend bewerten?

1 = sehr schlecht, 10 = sehr gut

1	2	3	4	5	6	7	8	9	10

Wie nah bin ich meinen Zielen in diesem Monat gekommen?

____

____

____

Was waren meine drei wichtigsten Höhepunkte in diesem Monat?

____

____

____

Welche Lektion habe ich in diesem Monat gelernt?

____

____

____

Was habe ich diesen Monat besonders gut gemacht?

Auf welche drei Dinge möchte ich mich im nächsten Monat konzentrieren?

Mit welchen Herausforderungen bin ich in diesem Monat konfrontiert worden?

Welche positiven Veränderungen habe ich in diesem Monat an mir selbst bemerkt?

Jahr: ________

Jan	Feb	Mär	Apr	Mai	Jun
Jul	Aug	Sep	Okt	Nov	Dez

MONATLICHE REFLEXION

Wie würde ich diesen Monat rückblickend bewerten rückblickend bewerten?

1 = sehr schlecht, 10 = sehr gut

1	2	3	4	5	6	7	8	9	10

Wie nah bin ich meinen Zielen in diesem Monat gekommen?

____

____

____

Was waren meine drei wichtigsten Höhepunkte in diesem Monat?

____

____

____

Welche Lektion habe ich in diesem Monat gelernt?

____

____

____

Was habe ich diesen Monat besonders gut gemacht?

Auf welche drei Dinge möchte ich mich im nächsten Monat konzentrieren?

Mit welchen Herausforderungen bin ich in diesem Monat konfrontiert worden?

Welche positiven Veränderungen habe ich in diesem Monat an mir selbst bemerkt?

Jahr: ____________

Jan	Feb	Mär	Apr	Mai	Jun
Jul	Aug	Sep	Okt	Nov	Dez

MONATLICHE REFLEXION

Wie würde ich diesen Monat rückblickend bewerten rückblickend bewerten?

1 = sehr schlecht, 10 = sehr gut

1	2	3	4	5	6	7	8	9	10

Wie nah bin ich meinen Zielen in diesem Monat gekommen?

____

____

____

Was waren meine drei wichtigsten Höhepunkte in diesem Monat?

____

____

____

Welche Lektion habe ich in diesem Monat gelernt?

____

____

____

Was habe ich diesen Monat besonders gut gemacht?

Auf welche drei Dinge möchte ich mich im nächsten Monat konzentrieren?

Mit welchen Herausforderungen bin ich in diesem Monat konfrontiert worden?

Welche positiven Veränderungen habe ich in diesem Monat an mir selbst bemerkt?

Jahr: ________

Jan	Feb	Mär	Apr	Mai	Jun
Jul	Aug	Sep	Okt	Nov	Dez

MONATLICHE REFLEXION

Wie würde ich diesen Monat rückblickend bewerten rückblickend bewerten?

1 = sehr schlecht, 10 = sehr gut

1	*2*	*3*	*4*	*5*	*6*	*7*	*8*	*9*	*10*

Wie nah bin ich meinen Zielen in diesem Monat gekommen?

Was waren meine drei wichtigsten Höhepunkte in diesem Monat?

Welche Lektion habe ich in diesem Monat gelernt?

Was habe ich diesen Monat besonders gut gemacht?

Auf welche drei Dinge möchte ich mich im nächsten Monat konzentrieren?

Mit welchen Herausforderungen bin ich in diesem Monat konfrontiert worden?

Welche positiven Veränderungen habe ich in diesem Monat an mir selbst bemerkt?

6.3 Dankbarkeitstagebuch

Ein Dankbarkeitstagebuch ist ein persönliches Tagebuch, das dazu dient, regelmäßig Dinge oder Ereignisse festzuhalten, für die man dankbar ist. Es konzentriert sich darauf, positive Aspekte des Lebens zu erkennen und zu schätzen. Typischerweise werden täglich oder wöchentlich Einträge gemacht, in denen man reflektiert, wofür man dankbar ist und warum.

Ein solches Tagebuch hat mehrere Zwecke und Vorteile. Zunächst einmal fördert es eine positive Lebenseinstellung und erhöht das allgemeine Wohlbefinden. Indem man sich bewusst auf die positiven Aspekte des Lebens konzentriert und sie dokumentiert, verstärkt man das Gefühl der Zufriedenheit und Dankbarkeit.

Darüber hinaus kann ein Dankbarkeitstagebuch helfen, Stress abzubauen und negative Gedanken zu reduzieren. Indem man sich auf die positiven Erlebnisse konzentriert, lernt man, negative Emotionen in den Hintergrund zu stellen und sich auf das Gute zu fokussieren.

Ein weiterer Nutzen liegt in der Förderung von Resilienz und emotionaler Stabilität. Durch das regelmäßige Aufschreiben dankbarer Gedanken lernt man, schwierige Zeiten besser zu bewältigen und aus Herausforderungen positive Lehren zu ziehen.

Ein Dankbarkeitstagebuch kann auch zwischenmenschliche Beziehungen stärken, indem es einem hilft, Dankbarkeit gegenüber anderen auszudrücken und wertzuschätzen, was andere für einen tun.

Insgesamt ist ein Dankbarkeitstagebuch ein einfach zu nutzendes Werkzeug, das positive psychologische Effekte hat. Es trägt dazu bei, die geistige Gesundheit zu fördern, die Lebenszufriedenheit zu steigern und das Bewusstsein für die schönen Seiten des Lebens zu schärfen.

Im nachfolgendem Dankbarkeitstagebuch kannst du Einträge für Affirmationen sowohl für den Tag als auch den Monat notieren.

Affirmationen sind positiv formulierte Sätze, die dazu dienen, das eigene Denken und Verhalten positiv zu beeinflussen. Sie helfen dabei, negative Gedankenmuster zu durchbrechen und das Selbstbewusstsein zu stärken. Durch regelmäßiges Wiederholen dieser Sätze kann man seine inneren Überzeugungen und Einstellungen verändern.

Beispiele für Affirmationen:

1. **Dankbarkeit für den Tag:**
   - „Heute bin ich dankbar für das sonnige Wetter, das meine Laune gehoben hat."
   - „Ich bin dankbar für den netten Anruf von meiner besten Freundin, der meinen Tag erhellt hat."

2. **Dankbarkeit für Menschen:**
   - „Ich schätze die Unterstützung, die ich von meinen Kollegen bei der Arbeit bekomme."
   - „Ich bin dankbar für die liebevolle Umarmung meiner Mutter, die mir Trost gespendet hat."

3. **Dankbarkeit für persönliche Erlebnisse:**
   - „Ich bin dankbar für den Spaziergang im Park, der mir geholfen hat, mich zu entspannen."
   - „Ich bin dankbar, dass ich mein Wochenziel im Fitnessstudio erreicht habe."

4. **Dankbarkeit für materielle Dinge:**

    - „Ich bin dankbar für mein gemütliches Zuhause, das mir Sicherheit und Komfort bietet."
    - „Ich schätze die neue Kaffeemaschine, die mir jeden Morgen einen großartigen Start in den Tag ermöglicht."

5. **Dankbarkeit für persönliche Entwicklung:**

    - „Ich bin dankbar für die Fortschritte, die ich in meinem neuen Hobby gemacht habe."
    - „Ich bin dankbar, dass ich gelernt habe, besser mit Stress umzugehen und ruhig zu bleiben."

6.3.1 Tägliche Dankbarkeitseinträge

Datum: ________

DANKBARKEITSTAGEBUCH

Affirmation des Tages

Heute bin ich dankbar für:

Ich freue mich auf...

Es macht mich glücklich, dass...

Datum: ___________

DANKBARKEITSTAGEBUCH

Affirmation des Tages

Heute bin ich dankbar für:

____

____

____

Ich freue mich auf...

Es macht mich glücklich, dass...

Datum: ___________

DANKBARKEITSTAGEBUCH

Affirmation des Tages

Heute bin ich dankbar für:

Ich freue mich auf...

Es macht mich glücklich, dass...

Datum: ____________

DANKBARKEITSTAGEBUCH

Affirmation des Tages

Heute bin ich dankbar für:

____

____

____

Ich freue mich auf...

Es macht mich glücklich, dass...

Datum: ___________

DANKBARKEITSTAGEBUCH

Affirmation des Tages

Heute bin ich dankbar für:

___

___

___

Ich freue mich auf...

Es macht mich glücklich, dass...

Datum: ____________

DANKBARKEITSTAGEBUCH

Affirmation des Tages

Heute bin ich dankbar für:

Ich freue mich auf...

Es macht mich glücklich, dass...

Datum: ______

DANKBARKEITSTAGEBUCH

Affirmation des Tages

Heute bin ich dankbar für:

______

______

______

Ich freue mich auf...

Es macht mich glücklich, dass...

Datum: ____________

DANKBARKEITSTAGEBUCH

Affirmation des Tages

Heute bin ich dankbar für:

____

____

____

Ich freue mich auf...

Es macht mich glücklich, dass...

Datum: ____________

DANKBARKEITSTAGEBUCH

Affirmation des Tages

Heute bin ich dankbar für:

____

____

____

Ich freue mich auf...

Es macht mich glücklich, dass...

Datum: ___________

DANKBARKEITSTAGEBUCH

Affirmation des Tages

Heute bin ich dankbar für:

Ich freue mich auf...

Es macht mich glücklich, dass...

Datum: ________

DANKBARKEITSTAGEBUCH

Affirmation des Tages

Heute bin ich dankbar für:

Ich freue mich auf...

Es macht mich glücklich, dass...

Datum: ___________

DANKBARKEITSTAGEBUCH

Affirmation des Tages

Heute bin ich dankbar für:

___

___

___

Ich freue mich auf...

Es macht mich glücklich, dass...

Datum: ___________

DANKBARKEITSTAGEBUCH

Affirmation des Tages

Heute bin ich dankbar für:

____

____

____

Ich freue mich auf...

Es macht mich glücklich, dass...

Datum: ____________

DANKBARKEITSTAGEBUCH

Affirmation des Tages

Heute bin ich dankbar für:

___

___

___

Ich freue mich auf...

Es macht mich glücklich, dass...

Datum: ___________

DANKBARKEITSTAGEBUCH

Affirmation des Tages

Heute bin ich dankbar für:

____

____

____

Ich freue mich auf...

Es macht mich glücklich, dass...

Datum: ________

DANKBARKEITSTAGEBUCH

Affirmation des Tages

Heute bin ich dankbar für:

____

____

____

Ich freue mich auf...

Es macht mich glücklich, dass...

Datum: __________

DANKBARKEITSTAGEBUCH

Affirmation des Tages

Heute bin ich dankbar für:

____

____

____

Ich freue mich auf...

Es macht mich glücklich, dass...

Datum: ___________

DANKBARKEITSTAGEBUCH

Affirmation des Tages

Heute bin ich dankbar für:

Ich freue mich auf...

Es macht mich glücklich, dass...

Datum: ________

DANKBARKEITSTAGEBUCH

Affirmation des Tages

Heute bin ich dankbar für:

____

____

____

Ich freue mich auf...

Es macht mich glücklich, dass...

Datum: ____________

DANKBARKEITSTAGEBUCH

Affirmation des Tages

Heute bin ich dankbar für:

Ich freue mich auf...

Es macht mich glücklich, dass...

Datum: ___________

DANKBARKEITSTAGEBUCH

Affirmation des Tages

Heute bin ich dankbar für:

Ich freue mich auf...

Es macht mich glücklich, dass...

Datum: ________

DANKBARKEITSTAGEBUCH

Affirmation des Tages

Heute bin ich dankbar für:

____

____

____

Ich freue mich auf...

Es macht mich glücklich, dass...

Datum: ___________

DANKBARKEITSTAGEBUCH

Affirmation des Tages

Heute bin ich dankbar für:

____

____

____

Ich freue mich auf...

Es macht mich glücklich, dass...

Datum: ____________

DANKBARKEITSTAGEBUCH

Affirmation des Tages

Heute bin ich dankbar für:

____

____

____

Ich freue mich auf...

Es macht mich glücklich, dass...

Datum: ___________

DANKBARKEITSTAGEBUCH

Affirmation des Tages

Heute bin ich dankbar für:

____

____

____

Ich freue mich auf...

Es macht mich glücklich, dass...

Datum: __________

DANKBARKEITSTAGEBUCH

Affirmation des Tages

Heute bin ich dankbar für:

___

___

___

Ich freue mich auf...

Es macht mich glücklich, dass...

Datum: ___________

DANKBARKEITSTAGEBUCH

Affirmation des Tages

Heute bin ich dankbar für:

____

____

____

Ich freue mich auf...

Es macht mich glücklich, dass...

Datum: ____________

DANKBARKEITSTAGEBUCH

Affirmation des Tages

Heute bin ich dankbar für:

___

___

___

Ich freue mich auf...

Es macht mich glücklich, dass...

Datum: ____________

DANKBARKEITSTAGEBUCH

Affirmation des Tages

Heute bin ich dankbar für:

Ich freue mich auf...

Es macht mich glücklich, dass...

Datum: ___________

DANKBARKEITSTAGEBUCH

Affirmation des Tages

Heute bin ich dankbar für:

____

____

____

Ich freue mich auf...

Es macht mich glücklich, dass...

6.3.2 Monatliche Dankbarkeitseinträge

Jahr: ____________

Jan	Feb	Mär	Apr	Mai	Jun
Jul	Aug	Sep	Okt	Nov	Dez

DANKBARKEITSTAGEBUCH

Affirmation für diesen Monat

Höhepunkt dieses Monats:

Besondere Momente

Dankbare Gedanken

Nächsten Monat freue ich mich auf

Jahr: ________

Jan	Feb	Mär	Apr	Mai	Jun
Jul	Aug	Sep	Okt	Nov	Dez

DANKBARKEITSTAGEBUCH

Affirmation für diesen Monat

Höhepunkt dieses Monats:

Besondere Momente

Dankbare Gedanken

Nächsten Monat freue ich mich auf

Jahr: ________

Jan	Feb	Mär	Apr	Mai	Jun
Jul	Aug	Sep	Okt	Nov	Dez

DANKBARKEITSTAGEBUCH

Affirmation für diesen Monat

Höhepunkt dieses Monats:

Besondere Momente

Dankbare Gedanken

Nächsten Monat freue ich mich auf

Jahr: ____________

Jan	Feb	Mär	Apr	Mai	Jun
Jul	Aug	Sep	Okt	Nov	Dez

DANKBARKEITSTAGEBUCH

Affirmation für diesen Monat

Höhepunkt dieses Monats:

Besondere Momente

Dankbare Gedanken

Nächsten Monat freue ich mich auf

6.3.3 Notizen

Datum: ___________

NOTIZEN

Datum: ____________

NOTIZEN

Datum: ____________

NOTIZEN

Datum: ____________

NOTIZEN

Datum: ___________

NOTIZEN

Datum: ____________

NOTIZEN

Datum: ____________

NOTIZEN

Datum: ____________

NOTIZEN

Datum: ____________

NOTIZEN

Impressum
Deutschsprachige Erstausgabe 2024

Leon Seidel wird vertreten durch:
Gökhan Dogtas
c/o Block Services
Stuttgarter Str. 106
70736 Fellbach